JN277423

システム方法論

— システム的なものの見方・考え方 —

博士（工学） 岩下　基 著

コロナ社

まえがき

　世の中の出来事，例えば世界的な経済不況，各地域での紛争，環境汚染，地球温暖化の問題などについては，さまざまな対策が検討され，実施されています。しかし，一つの対策を施すと，新たな問題が出てくるため，さらに新たな対策が必要となります。この繰返しで，問題はなかなか解決されない状況に陥っているといえます。

　身近な出来事でも，例えば企業における商品の売り上げ対策，品質向上対策，イベントの集客対策など多くの課題に対して，社内での議論をどう進めていったらよいか，どのような結論を選択したらよいのか，悩んだ経験は誰でもあるのではないでしょうか。一つひとつの要素を紐解いた段階では問題がなかったとしても，それらが複雑に絡み合って，予想もしなかった影響が発生し，問題を引き起こしていることがよくあります。そのため，物事を詳細化していくと同時に，つねに全体を見ていく必要があるのです。

　本書でも紹介していますが，P. Checkland が指摘しているように「システム」という言葉が，対象となる事象を体系的に捉えていく考え方（どのような要素から成り立っているかという秩序に重点を置く）と全体性を捉えていく考え方（複数の要素が複雑に絡み合った状態として扱う）の両方を意味することになって，用語としては少し混乱を招いています。

　前者は，従来のオペレーションズリサーチなどの経営工学が属する考え方です。後者については，例えば企業経営の視点，情報システム開発の視点などから，システム思考，論理思考などを中心に，さまざまな方法が多くの書籍で紹介されており，いまだ学問として体系化されていない分野であるといえます。システム思考に関する書籍で紹介されているおのおのの手法自体は，ある状況や条件において有効ですが，それぞれの著者の体験に基づく成功事例をもとに

まとめた文献が多いのも確かです。実際には，さまざまな状況下で，これらのいずれかの手法や考え方が役に立つと思われますので，それは有効なことなのです。しかし，どの場合に，どういった方法が役に立つのか，それがわからない場合は，試行錯誤をするか，もしくはすべてを試してみるしかないのが現実です。大学での講義を担当するうちに，これら多くの手法の一つあるいはいくつかに重点を置き，紹介していくことはある意味，学生にとっては有効なのですが，いつもそれが問題解決に向けて適切なものとは限りません。では，学生が社会に出て，さまざまな課題に直面し，検討していく際に，どの場面でどういった考え方を利用すればよいか，また，柔軟な思考で検討するにはどうすればよいか，その考え方を体系的にまとめて紹介した書籍が見当たらないことに気づきました。

そこで，本書は，システム思考の考え方とその進め方について，体系的に捉えた入門書として，物事の考え方に関する全体像を明らかにしつつ，これまで多くの書籍で紹介されている手法の位置づけを付け加えることにより，それらの有効性を再認識できることを目的としました。もちろん学生だけでなく，社会人でも日頃からさまざまな課題に直面していますので，どのように検討を進めていくかにも役立つものと信じています。特に，企業経営において戦略に沿った情報システムの構築推進などの具体例を用いて，どのようにシステム思考を使っていくかを紹介することに専念しました。

本書は，最初にシステム思考とはそもそも何か，どういった歴史的背景から生成された考え方なのか，またその必要性について論じます。以降は，二つの流れに大別されます。

一つは，ある対象に着目し，何が問題なのかを見極め，その問題設定を行い，解決すべき項目を抽出していく，いわゆる問題発見，課題設定，要求条件抽出に関するスキルの習得，すなわちシステム的な考え方（方法論）を身に付けることを目的としています。

もう一つの流れは，物事をシステムとして捉えたときに，そのシステムを表現するモデルを作成し，その妥当性と振る舞いを評価していくという知識の習

得です。さらに，各章で述べる事柄の理解を深めるため，章の最後に演習問題[†]を設けました。

本書は，大学で経営工学などを専門とする学部生が，まさにこれから専門分野を学ぼうという時期に，「社会や企業を取り巻く環境の重要性とそれに対する社会や企業の関与について理解し，説明できること」，「複雑な現実の問題解決において，科学的手法に必要な論理的思考を理解し，解決策を得ること」，「問題解決における意思決定のための体系的な手法を理解し，それを利用すること」，が修得されることを期待するものであり，洞察力を身に付けることを期待する次第です。

最後に，本書に掲載した多くの事例は，これまでの学部生の卒業研究を通して，彼らとの議論を重ねながら進めてきた内容を基本に作成しています。研究室卒業生の酒井拓路君，平澤諒君，田中裕司君，藤ノ木悠雅君，渡邉北斗君に感謝いたします。

2014 年 5 月

岩　下　　基

[†] 演習問題の詳細な解答はコロナ社の web ページに示されている。
http://www.coronasha.co.jp/np/isbn/9784339024814/
なお，コロナ社の top ページから書名検索でもアクセスできる。ダウンロードに必要なパスワードは演習問題解答のページに記した。

目　　次

1　社会におけるシステム思考の基本

1.1　は じ め に ……………………………………………………………… 1
1.2　システム方法論全体の構成 …………………………………………… 2
1.3　システム思考とは ……………………………………………………… 4
1.4　システム思考の必要性とねらい ……………………………………… 5
1.5　経営工学の歴史的背景とシステム思考 ……………………………… 7
1.6　システム思考の本質 …………………………………………………… 9
演 習 問 題 …………………………………………………………………… 11

2　人間の考えや行動を考慮したシステムアプローチ

2.1　システムアプローチと自然科学的アプローチ ……………………… 12
2.2　システムアプローチのパラダイム …………………………………… 14
2.3　ハードシステムアプローチ …………………………………………… 16
2.4　ソフトシステムアプローチ …………………………………………… 18
2.5　ハード・ソフトシステムアプローチの比較 ………………………… 19
2.6　ソフトシステムアプローチの基本要素 ……………………………… 22
2.7　システムの創発性 ……………………………………………………… 24
演 習 問 題 …………………………………………………………………… 27

3 本質的な問題の抽出を目指すソフトシステム方法論

- 3.1 ソフトシステム方法論の基本要素 ……………………………… 28
- 3.2 ソフトシステム方法論のプロセスモデル ……………………… 30
- 3.3 リッチピクチャ ……………………………………………………… 32
- 3.4 基本定義 ……………………………………………………………… 34
- 3.5 CATWOE 分析 ……………………………………………………… 36
- 3.6 XYZ 公式 ……………………………………………………………… 38
- 3.7 概念モデル …………………………………………………………… 39
- 演習問題 ………………………………………………………………… 41

4 問題を的確に発見する問題発見力

- 4.1 問題設定 ……………………………………………………………… 42
- 4.2 あるべき姿の設定（4P） …………………………………………… 43
- 4.3 仮説の構築 …………………………………………………………… 46
- 4.4 重要な要因の抽出手法（MECE，トレンド分析） ……………… 48
- 4.5 重要な要因の抽出手法（コスト分析，バリュー分析） ………… 50
- 4.6 問題の構造化 ………………………………………………………… 52
- 4.7 優先度づけ …………………………………………………………… 53
- 演習問題 ………………………………………………………………… 54

5 ソフトシステム方法論を用いた要求分析と UML

- 5.1 要求とは ……………………………………………………………… 55
- 5.2 要求のレベル ………………………………………………………… 57
- 5.3 要求モデル …………………………………………………………… 58

5.4　ユースケースと UML ·· 60
5.5　要求分析の実際 ·· 63
演 習 問 題 ··· 67

6　システム思考で基本となるシステム概念

6.1　システム概念とは ··· 68
6.2　関係を見る考え方 ·· 68
6.3　目的を見極める考え方 ·· 70
6.4　表現の考え方 ··· 71
6.5　ボトルネックに着目する考え方 ··· 74
6.6　システムの構造（サブシステム）··· 76
6.7　システムの同型性 ·· 77
演 習 問 題 ··· 79

7　システム構造の特徴

7.1　システム思考によるアプローチ例 ·· 81
7.2　時系列変化パターン ··· 83
7.3　システム構造と因果関係 ··· 84
7.4　自己強化型・バランス型ループ ··· 85
7.5　システム思考で考える少子化問題 ·· 87
7.6　システム構造の理解 ··· 89
7.7　システムの力を利用する際の留意点 ··· 91
演 習 問 題 ··· 93

8 システムの因果関係を表す システムダイナミクス

8.1 システムダイナミクスとは ……………………………………… 94
8.2 ストックとフローの定義 …………………………………………… 95
8.3 ストックとフローの区別 …………………………………………… 97
8.4 ストック・フロー図 ………………………………………………… 98
8.5 ストックとフローの関係 …………………………………………… 101
8.6 成長のダイナミクス ………………………………………………… 102
8.7 サプライチェーンマネジメントモデル ………………………… 105
演 習 問 題 …………………………………………………………………… 106

9 入出力情報とそれらの関係を表現する 入出力システムモデル

9.1 入出力システムモデルの表現 …………………………………… 107
9.2 変　　　　換 ………………………………………………………… 108
9.3 正のフィードバック ………………………………………………… 110
9.4 負のフィードバック ………………………………………………… 112
9.5 過剰フィードバック ………………………………………………… 113
9.6 基本挙動の相互作用 ………………………………………………… 115
9.7 その他の挙動 ………………………………………………………… 117
演 習 問 題 …………………………………………………………………… 119

10 状態の変化を表現する 状態遷移システムモデル

10.1 状態遷移システムモデルについて ……………………………… 120
10.2 状態遷移表と状態遷移図 …………………………………………… 122
10.3 有限オートマトン（トランスデューサ）………………………… 124

10.4　有限オートマトン（アクセプタ） ················· *126*
10.5　正　規　言　語 ··· *130*
演　習　問　題 ··· *132*

11　システム制御の基本となる線形システムモデル

11.1　線形システムモデルとは ··· *133*
11.2　常微分方程式系によるモデル表現 ······························ *137*
11.3　線形システムの性質 ··· *140*
11.4　安　　定　　性 ··· *141*
11.5　線　　形　　化 ··· *144*
演　習　問　題 ··· *145*

12　不確実性を考慮した意思決定システムモデル

12.1　目標追求型意思決定システムモデル ··························· *146*
12.2　不確実性とは ··· *149*
12.3　効　用　関　数 ··· *150*
12.4　意思決定原則 ··· *152*
12.5　不確実性回避の行動 ··· *157*
12.6　損失の回避という行動 ·· *158*
演　習　問　題 ··· *159*

13　シミュレーションによるシステム分析

13.1　システム分析とは ··· *160*
13.2　シミュレーションの意義 ··· *161*
13.3　シミュレーションの手順 ··· *163*

13.4 シミュレーションの留意点 ……………………………………………… 165
13.5 仮説構築とシミュレーション …………………………………………… 168
13.6 階層化意思決定 …………………………………………………………… 169
演 習 問 題 ……………………………………………………………………… 172

14 システム方法論の実際

14.1 システム方法論の利用1（情報システム開発） ……………………… 173
14.2 システム方法論の利用2（通信サービス） …………………………… 177
14.3 システム方法論の利用3（授業改善） ………………………………… 180
14.4 システム方法論の今後の展開 …………………………………………… 183

引用・参考文献 …………………………………………………………………… 184
演 習 問 題 解 答 …………………………………………………………………… 187
索　　　引 ………………………………………………………………………… 193

1 社会におけるシステム思考の基本

1.1 は じ め に

　身近な生活の中で，なぜこのような状況になるのだろう，あるいは，なってしまったのだろうと感じた経験を誰でも持っているのではないかと思う。例えば，会社での仕事は暇なときもあれば，忙しいときもある。しかし，忙しいときに限っていろいろとやらなければいけないことが集中するため，夜遅くまで残業をしなければならないといった状況に陥る。また，休暇をとって海外旅行に行くという状況では，円をドルやユーロなどの外貨に換金するわけだが，いつ換金したらよいか（損をしないように），そのようなことを考えると一体どうして為替レートはこんなにも複雑に変動するのかと思ったことはないだろうか。ここに挙げたのはほんの一例であるが，このように世の中の現象は，さまざまな要因が複雑に絡み合って生じているということは誰でも理解するところである。

　普段の生活では，物事の仕組み自体やその仕組みにより引き起こされる挙動がどうなっているのかはあまり気にせず過ごしている。これがこと自分に直接影響のある，まして企業経営や企業の存続，家族のこととなると状況は変わってくる。それを解明し，解決しないと，致命的な状態に追い込まれることになるからである。特に，国家や企業の場合は，複数の人の利権が絡むことから，何か問題が発生した場合に，それを解決していくのは大変な労力と時間を要するといえる。それでも，国家の安定や企業存続のためには，誰かが解決していかなければならない。本書では，このような複雑な要因が絡み合った問題に対する解決の糸口をどのように見つけ進めていったらよいか，すなわち解決のた

めの方法論を示すことを目的としている。しかし，改めて認識してほしいのは，「このように実行さえすればつねにうまくいく」という方法はないということである。人間関係とは，人と人の間のコミュニケーションが複雑にかかわっているので，その結果を確定することは不可能であり，自分が思ったとおり必ずしもうまくいくということを保証する理論はない。むしろ，物事を前進させることを念頭に，どうしたらよいかという問いに対して，どのような方法で進めていくかを考えるのが得策である。

　本書は，何もしない状態から脱却し，少なくとも問題状況を前進させる（良くも悪くも）ことが大切であるという立場に立っている。さらに，全体を俯瞰しながら（局所的な部分のみに着目するのではなく），全体の最適化（局所的な最適化ではなく）を目指すにはどうしたらよいかを検討する。少しでも，そういった考え方を身に付けると，まったく違う世界が開けてくると期待している。

1.2　システム方法論全体の構成

　「全体を俯瞰する」，「全体を最適化する」ということを目指すと述べたが，どのように進めていったらよいだろうか。本書では，システム的なものの見方，考え方を身に付けることにより，ある事柄に遭遇したときに，その対象物の本質は何か，どういう事象が見えてくるのかということが理解できることを目指す。

　具体的に学ぶ内容と各章の関係を図1.1に示す。まず本章では，システム思考とはそもそも何か，またどういった歴史的背景から生成された考え方なのか，またその必要性について論じる。以降は，二つの流れに大別される。

　一つは，ある対象に着目し，何が問題なのかを見極め，その問題設定を行い，解決すべき項目を抽出していく，いわゆる問題発見，課題設定，要求条件抽出に関するスキルの習得であり，システム的な考え方（方法論）を身に付けることを目的とした流れである。2章から5章がそれにあたる。2章では，ある物事に対して，それに関わっている人達は，最初はさまざまな意見を持って

1.2 システム方法論全体の構成

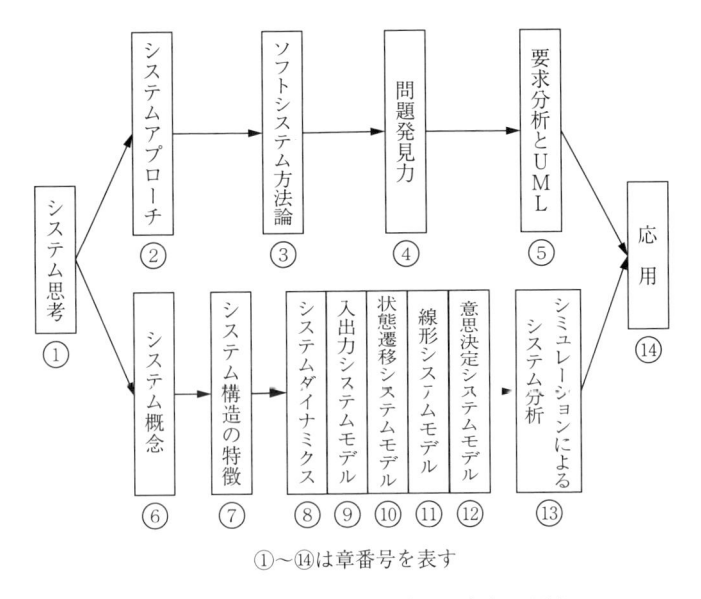

```
                  ②          ③          ④          ⑤
           システムアプローチ → ソフトシステム方法論 → 問題発見力 → 要求分析とUML
          ↗                                                      ↘
  ①                                                                    ⑭
システム思考                                                            応用
          ↘                                                      ↗
           システム概念 → システム構造の特徴 → システムダイナミクス → 入出力システムモデル → 状態遷移システムモデル → 線形システムモデル → 意思決定システムモデル → シミュレーションによるシステム分析
              ⑥            ⑦              ⑧              ⑨                ⑩                ⑪              ⑫                    ⑬
```

①〜⑭は章番号を表す

図 1.1 本書で具体的に学ぶ内容と各章の関係

いる，すなわち価値観や考え方が異なるわけだが，その状態からどのように物事を進めていくかについて論じている．3章では，問題を抽出するために，現在の状況と理想の状態をどう作り上げるかの方法を説明する．4章では，実際に本質的な問題を発見するための手法を解説する．5章では，それらの問題から何を解決しなければいけないかの要求分析手法を説明する．特にこの章は，情報システム開発における最上流工程での方法論としても有効である．

　もう一つの流れは，物事をシステムとして捉えたときに，そのシステムを表現するシステムモデルを作成し，評価していくという知識の習得を目的とした流れである．6章から13章がそれにあたる．6章では，システムの基本的な考え方としてシステム概念を捉える．7章では，一般的なシステム構造の特徴について論じる．8章から12章では，具体的にシステムモデルをどう作り上げていくか，その際に有効な手法について説明する．13章では，構築したシステムモデルを利用して各種検討を進めるわけであるが，その際に有効となるシミュレーションによるシステム分析について論じる．

最後に，14章で応用問題を検討することにより，一通りの理解ができたかどうかを確認する。以上，14章からなる構成であり，各章が大学での1講義に対応している。内容によっては，講義を担当する方々の専門性により，章ごとの濃淡が出ると思うので，各章ともに最低限の共通レベルの内容をまとめた。

1.3 システム思考とは

システム思考を説明する前に，まず**システム**（system）について説明する。一般にシステムといわれて想像するものには，POS（Point of Sales）システムなどのコンピュータを中心として構成される仕組みであったり，経済・金融システム，医療システムや環境改善システムなどのように世の中全体の仕組みを抽象的なモデルとして表したり，交通システムや列車運行システムのように公共インフラなどに利用したりとさまざまである。このシステムは，**対象を構成する要素の集合と要素間の関係からなる総体として認識された知的構築物**と定義されている[1]†。それではもう少しシステムについて具体例を用いて説明する。

例えば，**図1.2**に示すように，企業で普段利用する情報システムが身近に思い浮かぶ。企業内にある情報システムは，物理的にはサーバとそのサーバに

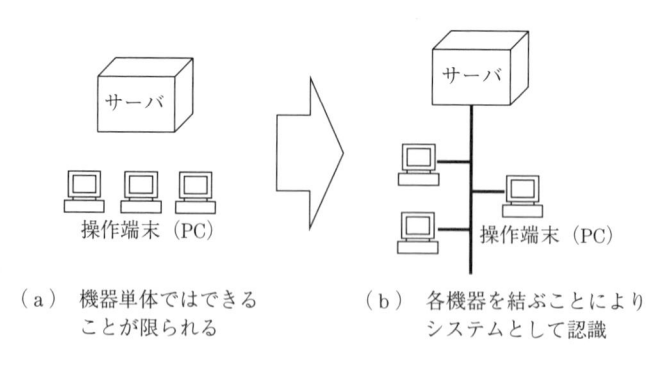

（a）機器単体ではできることが限られる　　（b）各機器を結ぶことによりシステムとして認識

図1.2 情報システムの例

---

† 肩付数字は巻末の引用・参考文献番号を示す。

アクセスして社員が各種操作を行う複数の端末から構成されていることがわかる。しかし，これらの機器がただ並べられているだけでは，サーバは各種データを保管する倉庫の役目しか果たすことができない（図（a））。また各社員に割りあてられたPC端末は，おのおのの社員が独自に利用するのには便利であるが，顧客情報などの企業経営上重要なデータを社員同士で共有することはできない。これらの機器を有効に利用するために，それぞれの機器をケーブルで結び，LAN（Local Area Network）を組むことにより，端末とサーバ間での情報のやりとりが迅速かつ正確に行われるようにする必要がある（図（b））。

　もう少し視野を広げると複雑な社会経済も一つのシステムであるといえる。個々の企業や個人の行動はまったくばらばらであるが，経済全体としてマクロな視点から見ると，極端に状態が悪い方向にいったり，逆に良くなったりと発散していくことはなく，ある状況の中で秩序だった挙動をしている。これは人間の行動が複雑に結びついている結果であるといえる。また，別の視点からものを見てみる。「人間」の構成要素を細分化していくと，細胞や神経から成り立っているが，いくらたくさんの細胞や神経が集まっても人間とは認識できないが，それらがある関係を持って結びつくことによって人間として認識できるわけである。これらはすべてシステムである。このようにさまざまなシステムが考えられる。繰返しになるが，それらは対象とする要素の集合とそれら要素間の関係をもとに認識された構築物（論理的にも物理的にも）である。

　対象の要素間の関係とそれにより生み出される全体性に基づいて，対象に関わる事柄を扱うという形でシステム思考を適用する。すなわち，システム思考が有効であると思われるときは，さまざまな要因が複雑に絡んだ状況における問題を認識したり，解決を図るときであるといえる。

1.4　システム思考の必要性とねらい

システム思考（システムズシンキング）は，「物事をシステムとして捉え，その要素間の因果関係をグラフとして表し，その構造を利用して振舞いの特徴

把握や定性的な分析を行う考え方である。システムの各要素は，環境やシステムのほかの要素から分離した場合，異なる振舞いを見せるという前提に基づく。全体論的なシステム観を持ち，デカルトの還元主義と相対する考えである。」と述べられている〔Wikipedia より（2014年5月現在）〕。ここで，**デカルト還元主義**とは，**複雑な事象でも，それを構成する要素に分解し，それらの個別（一部）の要素を理解すれば，もとの複雑な物事全体の性質や振舞いもすべて理解できる**という考え方である。これは，2.1節で後述するが，自然科学的アプローチによる考え方の一部である。例えば，地球上の物質が何で構成されているかを原子に分解し，解明するという考えが挙げられる。化学式に見られるように，各原子や分子同士が反応するとどのような変化が起こるかといった事象を解明していくといった考え方が，このデカルト還元主義に対応している[2]。

図1.3（a）にデカルト還元主義の説明として塩の例を示した。塩は粒状でしょっぱいという性質を持っている。これはどのような分子構造からくる性質で，どのような単位の要素から成り立っているのかと突き詰めていく考え方がデカルト還元主義である。一方，システム思考では，デカルト還元主義とは異なり，全体のシステムを構成する要素間のつながりと相互作用に注目し，その

（a）デカルト還元主義　　　（b）システム思考

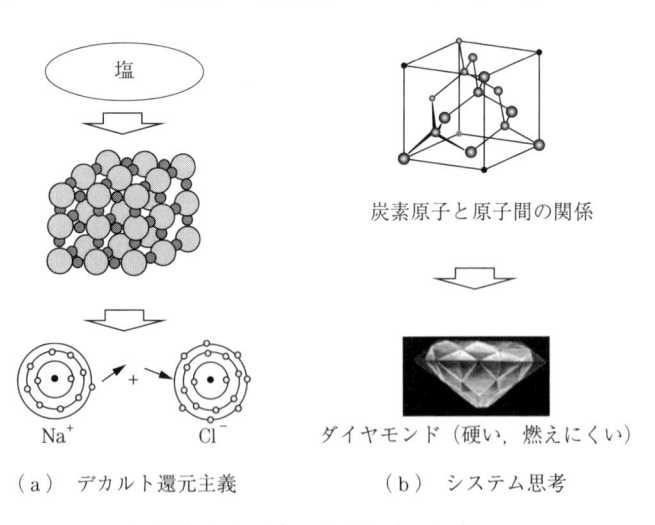

図1.3　還元主義とシステム思考の違い

うえで，全体の振舞いに洞察を与えるという考えに基づいている。システム思考の説明として図（b）にダイヤモンドの例を示した。炭素原子の特徴的な結びつきにより，システムとしてのダイヤモンドは硬く，燃えにくい性質の物体となっている。

システム思考は，特に社会や人間が関わる複雑な問題に対して，システム研究の方向を考えるうえでの，入口を与えている。その際に，以下のことに留意することが重要である。

- 目の前の現象に捉われず，その現象を引き起こしている本質的な関係を把握すること。
- システム思考の実践に向けて，考え方の枠組みを自身で組み立て，関心ある対象をモデルとして表現すること。
- システム思考は，科学的な分析思考であるという意識をつねに持つこと。

1.5 経営工学の歴史的背景とシステム思考

本節では，特に企業経営で重要となるシステム思考に関して，歴史的な背景やねらい，そもそも何を指すのかといった根本について触れておくことにする。

まず，経営工学分野における各種方法論の歴史を見ると，はるか昔から人間の思考様式としてシステム思考的な考え方は自然なものとして受け入れられ，**表1.1**に示すとおり，複雑な諸問題に分野を超えて3世紀以上利用されている。1700年代の産業革命を発端に，生産過程における効率性を高めるため分業を，**国富論**[3]でA. Smithが提唱し，ここでシステム的な考え方が出現した。その後，機械化が進む中で，E. Whittneyにより，同一品名の製品での部品の交換を可能とする考え方（**互換性理論**）が広まり，標準化や簡素化の考え方の基礎を築いた。1900年代に入り，大量生産（マスプロ）時代に突入し，人間と機械を合理的かつ科学的に管理する工場管理の基本原理として，F. Taylorの科学的管理法が確立した。また，F. B. & L. M. Gilbrethは，動作研究（最善の作業方法の決定）と時間研究（作業の標準時間の決定）を進め，どの

表1.1 経営工学分野における各種方法論の歴史

年代	時代動向	経営工学の方法論
1700年代後半	産業革命	A. Smith の分業論（国富論）
1800年代	機械化	E. Whittney の互換性理論
1900～1920	マスプロ	F. Taylor の科学的管理法 F.B. & L.M. Gilbreth の動作研究 コンベヤシステム（H. Ford） ガントチャート（H. Gannt） 経営管理の原則（H. Fayol）
1920～1950	労働科学の始まり	ホーソン実験・人間関係論（E. Mayoら） 社会衛生学・社会心理学（暉峻義等）
1940～1960	電子計算機誕生 管理技法導入	電子計算機の設計理論（von Neumann） オペレーションズリサーチ（P. Blacketら）
1960～1980	システム制御 オートメーション 製品ライフサイクルの最適化	システム工学（R. Macholら） トヨタ生産方式（大野耐一） リーン生産システム，コンカレントエンジニアリング
1980～2000	顧客志向 市場即応性（カスタマイズ）	BPR（M. Hammerら） アジル生産システム
1990～	インターネットの発展 顧客要望の多様化 企業の合従連衡の激化	ハードシステムアプローチ（J. Rosenheadら） ソフトシステムアプローチ（P. Checklandら） チームシンテグリティ（A. Leonardら）

作業にも最善の方法が存在し，作業の最善化によって生産性は数倍に向上することを実証し，動作分析の方法論の体系化が広まった。コンベヤの流れに沿い，作業工程を配列し，大量生産を実現するコンベヤシステムや，複数の作業工程が同時に進む複雑な状況を把握するための作業進捗状況管理手法（ガントチャート）が提案された。このようにどういった管理が必要かを体系的にまとめたのが，H. Fayol であり，それが経営管理の原則となっていった。

一方労働者の側面からの研究が始まり，E. Mayo らがホーソン工場にて実施した，**ホーソン実験**（1924～32年）では，人間の士気や勤労意欲は，作業条件以上に作業効率に影響を及ぼすこと，インフォーマル組織がモラルに及ぼす影響を明らかにした。また，日本でも暉峻義等が，社会衛生学や社会心理学などの体系化を行った。

電子計算機の誕生とともに von Neumann による設計理論が確立され，機械

処理による管理技法が発展した。第2次世界大戦中のP. Blacketらの軍事研究として、潜水艦探索、護送艦隊規模の研究などは、オペレーションズリサーチの基礎となった。戦後一般産業に普及し、経営上の意思決定に適用され、意思決定の科学ともいわれている。さらにシステムの在り方や作り方を体系化する**システム工学**がR. Macholらによって確立した。製品ライフサイクルの最適化の観点から、オートメーションが進む中で、トヨタ生産方式やコンカレントエンジニアリングなどが提唱された。

1990年代以降、豊かな生活に伴い顧客の要望も多様化し、インターネットの発展や、さまざまな新サービスの出現や企業の合従連衡などにより、経営者の迅速な意思決定がこれまでになく重要となった。その中で、J. Rosenheadらによるオペレーションズリサーチの延長にあるハードシステムアプローチのみならず、P. Checklandらにより、対象案件に多くの関与者がいる場合の解決策としてのソフトシステムアプローチ[4]、さらにはA. Leonardらによるチームの相互理解を進めるチームシンテグリティなどが提案されている[5]～[7]。

1.6 システム思考の本質

ここでシステム思考の本質を理解するうえで重要な単語について説明する。一般に、システム思考というと、体系的な考え方であり、ほとんどの人が英語では**システマティック**(systematic)を対応させるであろう。しかし、システムの形容詞には、もう一つ**システミック**(systemic)というものがある。このシステミックの定義は、「全体としてのシステムの、あるいは、全体としてのシステムに関する」というものである。システムという概念は、先に述べたように、**対象を構成する要素の集合と要素間の関係からなる総体として認識された知的構築物**であり、システム思考とは、**その概念を活用した考え方**である。この観点からいえば、物事をシステミックに見ていく必要があるといえる。やや抽象的な表現になってしまったが、システマティックは、自分が関心のある対象物があったとき、その対象物の秩序を構成する個々の要素を把握していく

という見方，考え方を指す．一方，システミックは，個々の要素では表現できない全体の特徴を把握するという見方，考え方である．これら二つの用語を別の表現を利用して説明すると，システマティックは，与えられた目標に対して最適な手段を選択していくことであり，システミックは，自分が関心のある対象物に対して何が問題なのかを求めるのに有効な方法といえる[4]．

図1.4にシステム思考の流れを示す．一般に，ある具体的な対象物（I）があった際に，それをさまざまな観点から認識し，複数の対象物を認識しながら自分なりの観念を形成する．その観念のうえに構築されているシステムを活用し，対象物の探索を行う方法論（M）を検討することにより，対象物をシステムとして認識していくという流れになる．前節で述べたこれまでの古典的なオペレーションズリサーチなどのシステム思考は，関心ある対象物にシステムがあるという前提に立ち，いわゆる対象物（I）はシステミックで，方法論（M）は複数の代替案に対してシステマティックな評価を行い，目標を最適化する代替案の選択を行う考え方として捉えた．一方，対象物と人間の関与が多くなると（例えば，情報システム開発など），必ずしも方法論（M）は，最初から目標が定まっているわけではなく，システムとしての認識やその後の洞察も，関与者の世界観にゆだねられる．そのため，方法論（M）自身もシステミックになるという立場をとるのが，次章で説明するソフトシステムアプローチである．

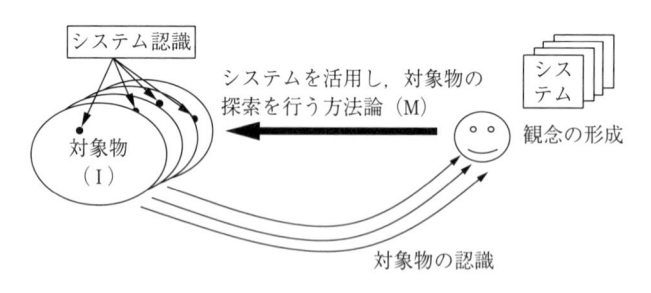

図1.4 システム思考の流れ

☆ 演 習 問 題 ☆

【1.1】「対象を構成する要素の集合と要素間の関係からなる総体として認識された知的構築物」をシステムと定義したが，身の回りで考えられるシステムの例を列挙せよ。

【1.2】 世の中のさまざまな問題において，「目の前の現象に捉われず，その現象を引き起こしている本質的な関係を把握すること」が重要で，そこにシステム思考が必要とされていると述べたが，身の回りで考えられる現象とその本質を表す具体例を一つ挙げよ。

【1.3】 システマティックとシステミックの違いについて具体例を用いて説明せよ。

2 人間の考えや行動を考慮したシステムアプローチ

2.1 システムアプローチと自然科学的アプローチ

われわれは，子供の頃から科学の勉強を実施し，身に付けてきている。最初は算数と理科に起源を置き，中学校・高校さらには大学と高等教育になるに従い，数学，物理，化学といった分野において，ものの捉え方や感じ方を学習する。これらは，世の中における客観的，合理的，普遍的な科学知識を得るために，関心の対象となっている事柄の基本的な構成要素は何なのかといったことを追求する**要素還元主義**という立場で考えている。また，それは唯一正しい解釈であるということを証明する**反証可能性**という立場もとる。さらに，現在その事柄を確かめても，100年後に確かめても，また誰が確かめても同じ結果が得られるという**再現可能性**が特徴である。これらの三つの立場（考え方）は，いわゆる**自然科学的アプローチ**の基本である。例えば，生物の基本構成要素のDNAを見極めること（生命の源として生命をつかさどる物質の追求）などは，まさに自然科学的アプローチの得意とするところである。しかし，地球環境や社会現象などの挙動は大変複雑で，何が大きな影響を及ぼしているのか解明するのは，一つひとつの要素を明らかにするだけでは非常に困難であるといえる。このように予測不能なものは，自然科学的アプローチが不得意な領域といえる。そこで，考え出されたのが以下に述べる**システムアプローチ**である。

システムアプローチは，システム思考に基づき現実の複雑な問題状況に対処する方法論と，それに関わる体系全体のことを指す総合的な呼び名として使われている。この**問題状況**とは，何か改善しなければならないという問題意識がその状況に関与する人々によって意識されている状況という意味である。シス

テムアプローチが自然科学的アプローチとは反対に，人間の考えや行動に関与する物事に対して，特に有効といわれている。

　ここで，自然科学的アプローチとシステムアプローチのシステムを分類することで対比する。表2.1に示すように，対象物をシステムとして捉える以前からシステムとして存在する（誰が見ても同じように捉えられる）外在的なシステムと，対象物への関与者の内的過程を経てシステムとしての存在が認められる（人によって捉え方が異なる）内在的なシステムに分類される。さらに，人間がどの程度関与するかを考えると，関与をまったく認めない宇宙を起源とする場合と，人間の目的を起源とする場合と人間の意識を起源とする場合の三つに分類できる。例えば，自然システムは，宇宙を特徴づける力のプロセスの結果として存在する外在的なシステムである。そのパターンや法則が確定しているような宇宙のもとでは，現在の形以外のものにはなり得なかったような特徴を持つシステム，例えば原子の仕組み，地球やほかの天体，地上の生物の生態系などは，まさに自然科学的アプローチが有効となるクラスといえる。人間の目的を起源とするシステムとして，外在的なものにハードシステムがある。人間の目的に適うものとして存在する人間が作り出した物理的実体（例えば，気球，ペン，コンピュータなど）が含まれる。内在的なものは，人間の知識の拡大や相手に伝えたいといった目的から来るもので，人間の内的な過程を経て存在するソフトシステム（例えば，物理，化学，詩など）がある。一方，人間の意識を起源としたシステムとして内在的なものに，たがいに関連しあい一つの全体として見ることができる人間活動システムがある。具体的な例として，組織，社会，国家，経営管理システムなどの人間社会における活動の結果作られているシステムが考えられるが，これらはシステムアプローチが有効となるクラスである。

表2.1　システムの分類[1], [8]

	宇　宙	人間の目的	人間の意識
外在的なシステム	自然システム	ハードシステム	—
内在的なシステム	—	ソフトシステム	人間活動システム

2.2 システムアプローチのパラダイム

　前節でシステムアプローチの特徴を述べたが，システムアプローチにはさまざまな考え方や方法論がある。しかし，基本的なシステムアプローチは**図 2.1** に示すとおりの図式で行われる。まず現在関心のある問題状況が何らかの形でシステム（現状のシステム）として認識されているものとする。われわれは，ある目的に沿って，こうあるべきだという理想的な状況を思い浮かべる。これが目的に沿う理想的なシステムとして作成される。つぎに，この目的に沿うシステムと現状のシステムを比較することにより，何が問題であるかを認識し，抽出する。最後に，それに対する解決策や改善策を作り，実際の状況にあてはめて実施するのが一般的なシステムアプローチのことである。

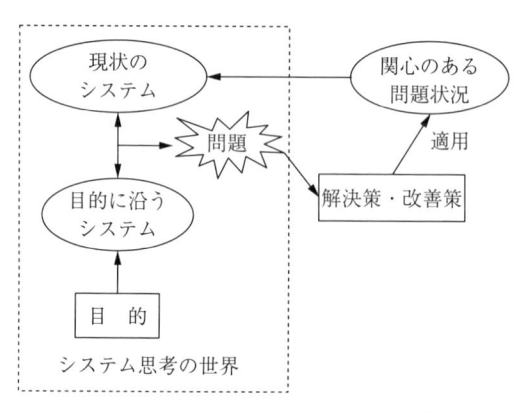

図 2.1　システムアプローチの図式[1]

　このシステムアプローチには，**ハードシステムアプローチ**と**ソフトシステムアプローチ**の2種類がある。関心のある問題状況に関与している人が複数存在する場合，ハードシステムアプローチは，全関与者の目的が一元的で，たがいに合意がなされている状況で行われる方法論である。一方，ソフトシステムアプローチは，全関与者の目的が多元的な状況を考慮する方法論である。特に伝統的なシステム工学は，ハードシステムアプローチの立場として解釈される

が，これは，P. Checkland らが多元的な問題状況に対して，ハードシステムアプローチは限界があり，新たな枠組みとしてソフトシステムアプローチ[4]を提唱したため，これらの異なるアプローチを区別するために用いた用語である。しかし，システム工学やシステム分析が，それらを利用する人と関係なくハードシステムアプローチであるというのではなく，利用する人により，ハードシステムアプローチにもソフトシステムアプローチにもなり得ることに注意する必要がある。

　この目的が一元的か多元的かという違いが，それ以降の検討にどのようにかかわってくるかをつぎに説明する。1.6節でも述べたとおり，一般に，多くの具体的な対象物（I）に対して，さまざまな観点から認識し，自分なりの観念を形成する。その観念のうえに構築されているシステムを活用し，探索する方法論（M）を検討することにより，対象物をシステムとして認識していくという流れになる。これまでの古典的なオペレーションズリサーチなどのハードシステムアプローチは，関心ある対象物にシステムがあるという前提に立ち，いわゆる対象物（I）はシステミックな評価を，方法論（M）は複数の代替案のシステマティックな評価を行い，目標を最適化する選択を行う考え方として捉えた。したがって，表2.1でいうところの人間の目的を起源とするシステムに対しては，有効であると考えられる。一方，対象物と人間の関与が多くなると，必ずしも方法論（M）は，最初から目標が定まっているわけではなく，システムとしての認識やその後の洞察も，関与者の世界観にゆだねられる。そのため，方法論（M）自身もシステミックになるという立場をとるのが，ソフトシステムアプローチであり，人間の意識を起源とする人間活動システムに有効であると考えられる。

　ここで，情報システムの歴史からハードシステムアプローチとソフトシステムアプローチを述べると，つぎのようにまとめることができる。1980年代までは，情報システムの検討というと，いわゆるプログラミングに重点が置かれていた。これは，コンピュータの性能が低い当時としては，いかに処理能力を向上させるか，そのためにはプログラミング技術が重要だと認識されていた時

代である。この状況をシステム方法論の立場から見てみると，情報システム開発の目標は，対象となる業務の効率化のために導入するという目標がすでに定まっており，その処理能力をいかに向上させるかという，問題に関与する人々に共通の認識があり，最適化を目指したので，ハードシステムアプローチを志向していたといえる。一方，2000年以降，コンピュータの性能も格段と向上し，かつ情報システム開発の位置づけも業務の効率化から企業の経営意思決定支援や新サービス提供などの要求を実現することが重要となるなど，情報システムを取り巻く環境も変化していった。そのため，以前はプログラミングに力点が置かれていた情報システム開発が，さらに上流の機能要件（すなわち，情報システムが有する機能）の設計が重要となってきている。この機能要件を決める際には，ユーザ（複数存在する）の利害関係が表面化し，なかなかまとめられないといった状況に陥り，システム開発自体が遅れる，あるいは開発したもの自体がこんなものではなかったと使われない状況になってしまうなどの問題が生じた。このように，機能要件の決定をどのように進めたらよいかに対しては，ソフトシステムアプローチが有効であるといえる。

2.3　ハードシステムアプローチ

　ハードシステムアプローチとは，システムの目的に関して，問題状況に関与する人達の間で一定の合意があり，すなわち価値や利害についても共有されているという状況のもとで，望ましい結果がどんなものであるか，はっきりと記述できる性質のよい問題（良構造問題と呼ぶ）を対象に解明していく方法論である[1]。もともとハードシステムアプローチは，目的のはっきりしたシステム工学的設計，モデル構築やモデル最適化などの工学分野から生まれた方法論である。ここでシステム工学とは，空調機械の温度制御，ロボット制御，通信網の設計とトラヒック制御といった，部品や要素単体の検討ではなく，それらを組み合わせたシステムとしての最適化を検討する分野である。

　例えば，文献 [9] によると，この典型的な例が，アポロ計画であるといわ

れている。アポロ計画は，旧ソ連の宇宙開発（スプートニク）に遅れをとったアメリカが，それを挽回するべく，1960年に打ち出した計画で，「1970年に月に人間を送る」計画のことである。このアポロ計画は，**図2.2**に示すハードシステムアプローチの手順により進められた。

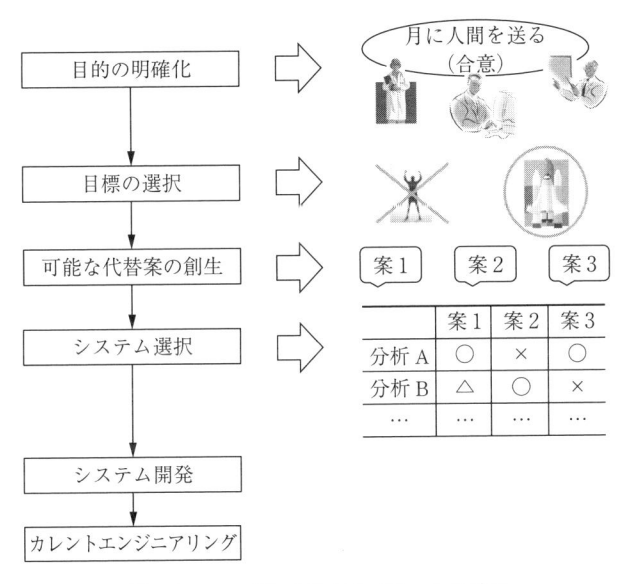

図2.2 ハードシステムアプローチの手順

目的の明確化：月に人間を送ることが対応する。これはすべての関与者にとって共有される目的となっている。

目標の選択：目的実現のため，限られた資源と技術を使い，月に人間をどのような形で送るかの仕様を決める。例えば，輸送機械を利用するといった目標を選択するものである。

可能な代替案の創生：目標の選択で規定された仕様をもとに，代替案を作成する。例えば，「地球と月の間を往復し，直接人間を運ぶロケットを開発する」，「地球から月の周回軌道まではロケットを利用し，月面への着陸は別の飛行船を利用する」などである。

システム選択：代替案の分析・評価と最適な代替案の選択を行う。アポロ計

画の場合は未知の事柄が多く，意思決定の方針としては慎重なミニマックス基準が使用されたといえる。システムの選択には，いわゆる線形計画法，ゲーム理論などの従来のオペレーションズリサーチの手法が利用される。

システム開発：プロトタイプから作成し，完成度を上げていく。

カレントエンジニアリング：開発システムのモニタリング，問題点の修正，設計段階へのフィードバックなどのサイクルにより改善していく。

2.4 ソフトシステムアプローチ

前節で説明したとおりシステム工学で成功したハードシステムアプローチを，人間を考慮したシステムに対して用いようとし，破たんをきたした。そもそも人間を考慮したシステムでは，誰もが納得する目的が最初から決まっているわけではないことに起因している。別の見方をすれば，現実に直面している問題状況では，「何が問題なのか」ということが，関与する人達によって，捉え方が異なることを意味している。人間の行動が関係するシステム構造は複雑かつ理解しにくいため，関与者の持つ価値観や利害が一致せず，多様であるといえる。このような問題状況を多元的な問題状況という。そこで新たな解決方法として誕生したのが**ソフトシステムアプローチ**である。

ソフトシステムアプローチの定義は，上記をまとめると**問題状況に関与する人々によって，問題として認識されることも異なっていることがある。このことは問題状況を複雑にし，システムの構造が把握しにくく，関与者の持つ価値観や利害が一致せず，多様であることにも関係している。このような多元的な問題状況を解決する方法論**であるといえる。ここで，「問題」とか「問題状況」という言葉が出てくるので，これらを説明しておく。

問　題：何を解決しなければいけないか，はっきりと認識された事柄である。ハードシステムアプローチでは，この前提のうえに進める方法論であった。しかし，人間の行動が関与する状況では，最初から何を解決しなければいけないかが明確になっている場合は少ない。その場合は，つぎに

示す問題状況を把握することから始めなければならない。

問題状況：ある事柄について関与している人達が何らかの問題があると考えている状況を指す。問題（根底にある問題）そのものではなく，問題により生じる現象を認知しているのが普通であり，これが問題状況に相当する。

それらの現象をシステムとして見ることで解決すべき問題が把握できる。ソフトシステムアプローチでは，まず問題状況の把握，調査から始まる。例えば，システム開発において，バグが発生したという問題状況で，そのバグが発生した箇所のみ修正するだけでは対処療法になってしまう。バグ発生要因などを分析して，同様のバグがほかに潜んでいないかをチェックする必要がある。さもないと，同じ問題状況が発生するわけである。

以上のように，問題状況を認識することで，現在の状況が把握でき，問題を見極めるために，現状とあるべき姿との比較を行うことができる。このような方法論は，**表2.2**に示すように数多く提案されているが，次章では，ソフトシステム方法論（soft systems methodology）を中心に説明していく。

表2.2 ソフトシステムアプローチの方法論

ソフトシステムアプローチ	提唱者
soft systems methodology	P. Checkland
strategic options development and analysis	C. Eden
strategic choice	J. Friend
robustness analysis	J. Rosenhead
hypergame	P. Bennett
strategic assumption surfacing and testing	R. Mason and I. Mitroff
interactive planning	R. Ackoff
multimethodology	J. Minger

2.5 ハード・ソフトシステムアプローチの比較

本節では，これまで述べてきたハードシステムアプローチとソフトシステムアプローチの考え方の違いを**表2.3**にまとめる。

表2.3 ハード・ソフトシステムアプローチの考え方の違い

比較の観点	ハードシステムアプローチ	ソフトシステムアプローチ
関与者間の衝突	方向性の意識が共有されており，利害関係はない	関与者間の衝突を前提に利害関係を明確にする
問題の定式化	目的を最適化するため，評価尺度を統一する	最適な解を求めるのではなく，複数の見方を許容する
取組みのスタンス	不確実性を取り除いた定式化を実施する	定量化できない事柄も含み，不確実性を受け入れて，さまざまな代替案を創出する
データの扱い方	データの存在性，入手可能性，信頼性の吟味が必要，かつ検討に必要なデータ量は多い	問題状況に影響の大きな項目のみ選定し，データ量は最小限にする
問題に関与する人達の立場	問題および問題状況が与えられているため，受動的	おのおのの関与者が問題状況を理解し，関与者間の衝突を経て問題を構築するので，能動的
意思決定構造	単一の意思決定者がトップダウンで提示した問題状況を具体化する構造	ボトムアップ構造

　関与者間の衝突の程度については，ハードシステムアプローチでは，すでに進むべき方向性に対する意識の共有があることが前提になるので，企業内の組織の壁，派閥争いなどの利害関係が解消されているため，衝突はほとんどないといえる。一方，ソフトシステムアプローチでは，何が問題なのかを明確にしていくため，おのおのの関与者の意見を公開して，議論を進める。そのため，関与者間の利害関係は，当然発生し，それを明確にすることを目的に議論を進めるので，関与者間での衝突が前提となる。

　ハードシステムアプローチでは，共有された唯一の目的に向けて最適な解を見つける。そのため，どのように評価していくかの尺度が共有されている。また，取組みのスタンスとして，定式化においては極力不確実性を取り除いた検討を実施する。さらに，検討に利用するデータが存在するかどうか，信頼できるデータかどうかなどが重要となる。また，検討に利用するデータ量も多くなる。一方，ソフトシステムアプローチでは，もともと最適な解を求めるのではなく，さまざまな見方や考え方を引き出すことが目的となるので，さまざまな定式化を許容する。そのため，定量化できない事柄も含み，不確実性を受け入

れて，さまざまな代替案を創出する。また，扱うデータも問題状況に影響の大きな項目を選定し，最小限にとどめる。

問題に関与する人達は，ハードシステムアプローチでは，問題および問題状況が与えられており，すでにいかに最適解を求めるかという点に方向性が絞られており，受動的であるといえる。意思決定構造としては，単一の意思決定者がトップダウンで提示した抽象的な問題状況を，具体化していくという特徴がある。一方，ソフトシステムアプローチでは，おのおのの関与者が問題状況を理解し，関与者間で衝突しながら問題を構築していかなければならない。そのため，能動的な立場が求められる。意思決定構造は，ボトムアップ構造になる。

以上をまとめると，これらの技術や手法をうまく活用していくには，どの状況から検討を開始するかがポイントとなる。すでに問題が明らかになっている場合は，ハードシステムアプローチにより最適化を目指していけばよいし，問題状況をどのように捉えていくかから検討を始めなければいけない場合は，ソフトシステムアプローチを適用していくということである。文献 [9] にローマプロジェクトを例にこの違いを適切に述べているので，以下でそれを紹介する。

ローマクラブは 1968 年にローマで設立された，世界の有識者を集めて作った団体である。ローマクラブでは，世界規模の問題に警鐘を鳴らすため，定量的な結果を世間に知らしめることを目的に検討を始めた。具体的には，世界を人口，農業，産業，自然資源，環境汚染の五つのサブシステムに分割したモデルを作成し，シミュレーションにより，今後世界がどう変化していくかを提唱した。結果は，産業は資源の枯渇により減少方向に進み，それに伴い食料不足や医療サービスの低下により人口も減少するというものであった。1970 年代当時は，世界が高度経済成長の真っただ中であり，こういった考えは世間に受け入れられなかった。作成したモデルの不十分さへの批判（エリアの特徴を考慮せず，世界平均的なモデルを仮定していたなど），計算に際しての仮定への批判（技術進歩によるライフスタイルの変化や政策の変化などの考慮がなかった），データそのものへの批判（入手不可能なデータが多いにも関わらず，ど

のようにそれを推定したかの根拠が不十分といった内容など）などが大きな理由であった。当時，目的は皆に共有されていて，いかに最適解を求めていくかを問う立場のもとでは，不十分な検討といわざるを得なかった。しかし，何が問題かを把握するための検討だと最初に宣言しておけば，これは意義ある検討となる。すなわち，世界はどのような要因が大きく影響を与えるのかということが把握でき，問題を絞り込むことができるからである。このようなソフトシステムアプローチをとっていたら，それほど批判されることはなかったであろう。現在，同じような問題状況として，地球温暖化などの環境問題が存在する。これに関しても，さまざまな意見があるが，ソフトシステムアプローチで最初は取り組んでいく必要があるということである。

2.6 ソフトシステムアプローチの基本要素

システムを構成する個々の要素の性質のみに注目するのではなく，システム全体に着目したときに，認識される要素間の相互作用から生み出される全体に関する性質が**全体性**といわれるものである。例えば，オーケストラを考えると，個々の要素は演奏する楽団員となるが，全体に着目すると個々の楽器演奏が協奏することで，一つのオーケストラというシステムとして捉えることができる。この全体性という特性が，**創発性**でもある。創発性とは，システム構成要素には還元できないシステム固有の性質である。例えば，砂糖の甘さ，バナナの形などの例に見いだされるように，システムの本質的特徴を形成している性質である。

また，各要素が複雑につながっているシステムを紐解くには，段階を追って仕組みを吟味していくのが有効である。このように，システムは階層構造を保有している。例えば，企業の組織というのも，役割と管理責任の機能階層を保有しているといえる。図2.3に示すように，製造業を例にシステムの階層性をみてみると，各レイヤにおける役割（責任と権限）が与えられている。

製造レイヤ：一般に入力された物事に何らかの処理を施して出力するプロセ

スを表し，例えば，各種材料を入力として，製造レイヤで組立てを行い，部品や製品として出力する過程がこれに相当する。

局所最適化レイヤ：製造レイヤをある目的に従って管理する，いわゆる与えられた材料からより多くの部品を製造するとか，作業効率をあげるといった局所的な最適化を目指すレイヤである。

統合管理レイヤ：プロセスごとに局所最適化が行われている動作を全体として調和するように管理するレイヤであり，部品を統合して一つの製品を作り上げるための管理を実施することなどに対応している。

経営管理レイヤ：組織の目標に従い，環境変化への対応をパラメータの調整により達成することを目的とし，統合管理レイヤに対して達成すべき全体目標をブレークダウンして与える戦術を管理するレイヤである。

経営方針管理レイヤ：パラメータ調整では対応できない環境変化に対して，組織構造に影響を与える意思決定を行うレイヤである。

製造業でいえば，製造レイヤは従業員，局所最適化レイヤは係長（課長），統合管理レイヤは課長（部長），経営管理レイヤは部長（取締役），経営方針管理レイヤは社長（会長）の経営責任者と対応させることができる。

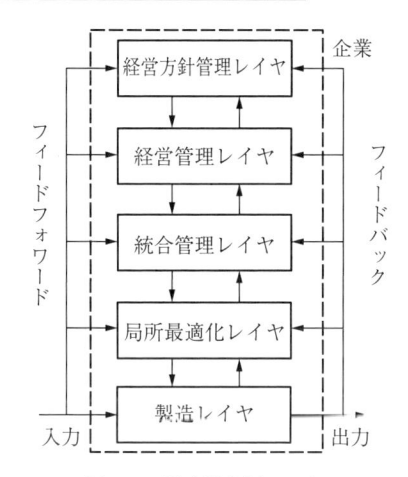

図 2.3　製造業を例にしたシステムの階層性

これらの**創発性**と**階層性**に加えて，**コミュニケーション**と**自律分散**という要素がシステムを形成するのに必要となる。これら四つが基本的な要素となる。コミュニケーションとは，システム間，もしくはシステム構成要素間で行われる情報交換に関わるものであり，情報メッセージの交換だけでなく，情報メッセージの解釈やシステムとしての機能を実現するための関係を担っている。また，自律分散とは，特に複雑なシステムを扱うときに重要な概念である。シス

テムの各構成要素が完全な統合のもとで行動するのではなく，分散的に自律的な行動を行うようなシステムの性質である。例えば，世の中の経済の仕組み（経済システム）は，すべての人が完全に何かのコントロール下で行動しているのではなく，個々人の損得に従って，さまざまな経済活動を実施しているといえる。

ここで，創発性，階層性，自律分散，コミュニケーションを含んだ企業経営におけるシステム思考の具体例としてF1メディアを示す。F1メディアは，TGC（東京ガールズコレクション）を運営する企業である。F1メディアは，モデルがショーで着用した洋服を来場者がその場で携帯電話で購入できる仕組みを提案した。その際に，アパレルメーカだけでなく，ショーを演出するさまざまなシーンで利用されるアイテムを提供する企業と協賛し，この仕組みに参加している。このように，多くの企業がTGCというシステムの構成要素と考えれば，各企業はアパレルメーカであったり，他メーカであったりするわけだが，全体を見るとTGCは，単なるファッションショーではなく，さまざまなシーンをモデルに演出させるショーとしての役割を持っていることがわかる。これがまさに創発性になっている。また，参加する企業というレベル，さらにはそれら企業が提供する商品のレベル，それら商品を利用するレベルおのおので，創発性が生じることから階層性を伴っていることがわかる。さらに，TGCを成功させるためには，企業横断的なコミュニケーションが不可欠である一方で，各企業は個別に業績を上げていくという目標を持ち，いわゆる自律分散として動いている。

2.7 システムの創発性

ここで，基本要素の中で特に創発性に関して，もう少し詳しく説明しよう。創発性とは，個々の要素だけでは説明できない全体としての特有な性質である。創発性は，本来システム構造が有する性質であり，以下の2種類の状況により創発性が発生する。

2.7 システムの創発性

(1) システムの各階層における複雑性のレベルが異なることによる創発性

例えば,前節において階層性として企業の組織構造を取り上げた。この場合,製造レイヤを構成する要素は各従業員だが,それらの人々が集まり集団となることにより,製造ラインが生じる。さらにその製造ラインを管理するのが,局所最適化レイヤにいる係長や課長であるが,それらを集団とすると,製造ラインの進捗状況を管理する仕事が生じるわけである。さらに,統合管理レイヤの課長や部長は,従業員の評価・管理をする仕事が発生する。というように階層が上がるごとに,新たな業務が発生する。これらはまさにシステムの創発性といえる。

(2) システムの構造変化による創発性

例えば,企業の組織構造では,製造レイヤで,二つの異なる部品を製造するラインがおのおの独立にある場合は,それらの部品が製造された際におのおののルールに従って,品質検査をすればよい。しかし,これら二つの部品を組み合わせた部品を作るラインも取り込んだとき,組み合わせた部品の品質検査ルールを新たに作る必要が生じる。

創発性および創発性が生じるという二つの観点から,近年,注目を浴びている**クラウドコンピューティング**はどのようにシステムとして認識できるか(**図 2.4**)を説明する。まず,「要素」と「関係」の観点から考えてみる。要素は,物理的な構成を考えると,サーバとロードバランサ(負荷分散機能)から構成されている[10]。複数台のサーバがつながっているので,細かい部品としては,LAN ケーブルやハブなどもあるが,そういったものも加えてもよい。その要素間の関係はというと,特にサーバに関しては,分散アプリケーションサーバ(いわゆるさまざまな要求を処理する)と分散ストレージ(保存された膨大なデータ)という二つの役割に分けて,それらを有機的に LAN により接続したものということになる。これによって,クラウドコンピューティングというシステムが認識されることになる。

まずは,システムの各階層における複雑性のレベルが異なることによる創発性を考える。クラウドコンピューティングを単なる物理的なシステムとして認

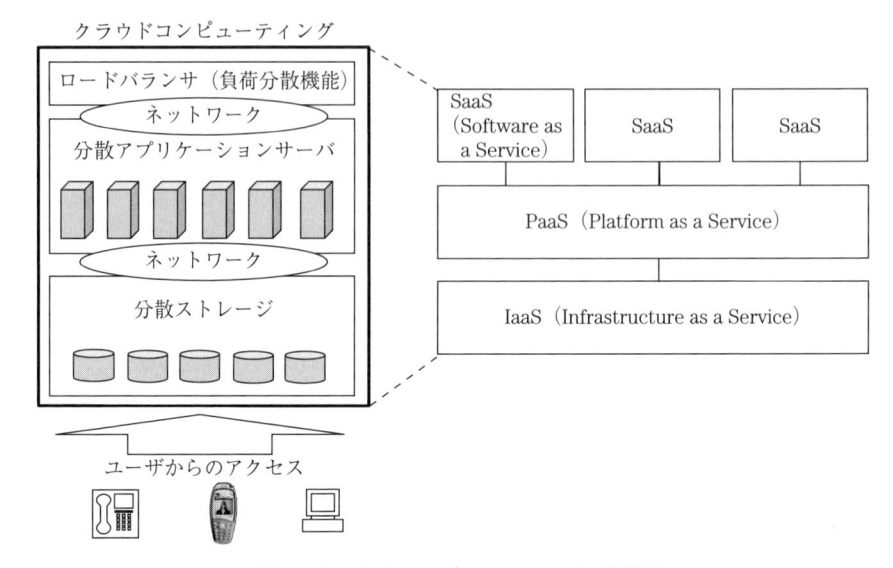

図 2.4 クラウドコンピューティングの創発性

識するのであれば，サーバ間のつながりを記した構成図があれば十分表現可能であるが，それが多くのユーザに対して共通的なプラットフォーム機能を持つようになれば，それに対応するシステム認識表現が必要となる。例えば，セキュリティ機能，ID およびパスワード管理機能といった観点からシステムとして認識できる。これはまったく新たな観点が創発されたと考えてよい。また，SaaS（Software as a Service）により，誰でもアプリケーションをダウンロードして利用できるように，クラウド上にアプリケーションを配備している。そうすると，××アプリケーションといったいわゆるどんなサービスが提供できるのかという観点からシステムを認識できる。

　つぎに，システムの構造変化による創発性を考える。クラウドコンピューティングサービスには，パブリッククラウドとプライベートクラウドがある。パブリッククラウドとは，誰でもサービスを享受できるクラウドであり，プライベートクラウドとは，ある特定の個人や企業などの限定ユーザのみが利用できるクラウドである。物理的な構造は同じこの二つを同時に利用しているユーザが多いが，双方で扱うデータの中身，セキュリティのレベル，利用に応じた

課金体系など，運用面ではかなり異なると想定される。そのため，これら二つを同時に利用していくには，その間で情報が片方向しか流れないような機能が必要となる。このような機能は，構造変化により新たに生じた性質と考えられる。

☆ 演 習 問 題 ☆

【2.1】 つぎの各文で，ハードシステムアプローチに関するものにはH，ソフトシステムアプローチに関するものにはSを，どちらにもあてはまるものには○を，どちらにもあてはまらないものには×をつけなさい。
① 要素還元主義，反証可能性，再現可能性を特に重視している考え方
② 対象物はシステミックで，方法論は代替案のシステマティックな評価を行い，目標を最適化する選択を行う考え方
③ 不確実性を取り除いた定式化を実施する考え方
④ 最適解を求めるのではなく，複数の見方を許容する考え方
⑤ 何を解決すべきかについて必ずしも一致しない問題状況を改善するための考え方
⑥ 人の意図的活動をその中心的要素として認識した人間活動システムに特に有効なアプローチ
⑦ 問題状況を検知したら，それを迅速に取り除く考え方
⑧ 現在の問題状況と理想的な状況との差から問題を認識して，それに対して解決案や改善案を作り，実際の状況で実施するアプローチ
⑨ 問題関与者の主観的状況認知を考慮し，ボトムアップの意思決定構造を特徴とする考え方
⑩ 複雑性を特徴とする社会現象や経営管理などでの有効性を期待されるアプローチ

【2.2】「幹線道路沿いにコンビニを作る」という問題状況を考える。関与者は誰が考えられるか？ またおのおのの関与者の役割として何が考えられるか。

【2.3】 大学システムは，どのようなシステムの階層性を持つか説明せよ。

【2.4】 システムの各階層における複雑性のレベルが異なることから生じる創発性およびシステムの構造変化による創発性の例を挙げよ。

3 本質的な問題の抽出を目指すソフトシステム方法論

3.1 ソフトシステム方法論の基本要素

ソフトシステム方法論（soft systems methodology，SSM と略すこともある）[4] は，P. Checkland により提唱されたソフトシステムアプローチに分類されるシステム方法論の一つである。したがって，ソフトシステム方法論は，問題状況に対する認識が関与者により異なることを許容することが特徴となる。すなわち，ソフトシステム方法論は，表面上認識できる問題状況の根底にある本質的な問題は何かを関与している人全員で抽出し，認識することを目的とする。書店でも多くのビジネス指南書を見つけることができる。どのようにしたら企業経営を成功に導けるか，論理的思考，科学的思考などの実際が書かれており（文献 [11]～[13] など多数），非常にわかりやい。それらの多くは体系的な観点からいえば，じつはソフトシステム方法論に即した方法を実例により説明していることがわかる。したがって，本書において，システム方法論の大枠を理解していれば，それらの書物の核心をつかみながら読むことができる。

本章では，このソフトシステム方法論の基本的な枠組みとその要素について概要を把握することを目的とする。まず，P. Checkland の引用から始めると，もともとソフトシステム方法論は，これまでも述べてきたように，「研究を行うためにソフトシステム方法論を活用する」（モード 1 と呼ぶことにする）という立場と，その後に発見された「ソフトシステム方法論を活用しながら仕事を行う」（モード 2 と呼ぶことにする）という二つの立場に有効であるということである。モード 1 は，対象となる複雑な問題状況を構造化するためにソフトシステム方法論を利用する。例えば，企業での売り上げが悪化したといった

問題状況を取り上げ，何が本質的な問題かを明らかにするためソフトシステム方法論を適用するといったように，定まっている対象・問題状況に対してソフトシステム方法論を段階ごとに公式的に適用するやり方である。一方，モード2は，これから行おうとしている事柄に対して，ソフトシステム方法論を通して意味づけることである。例えば，企業ではさまざまな問題状況が存在するが，いまやらなければいけないことは何なのかというように，自省などを踏まえてさらにもう一段上の見地から物事を考えるという，ソフトシステム方法論の考え方を取り入れて意思決定をしていくやり方である。このモード2の考えは，ソフトシステム方法論自体を観念の枠組みとして捉えていく，言い換えればメタレベルで利用していくことに対応している（**図3.1**）。

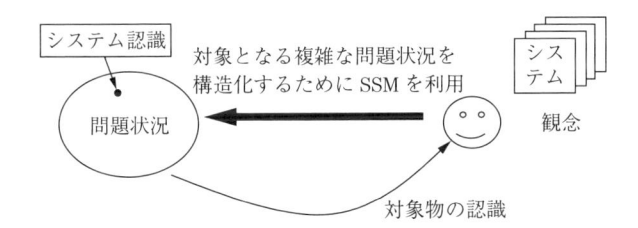

（a） 研究を行うためにSSMを活用する（モード1）

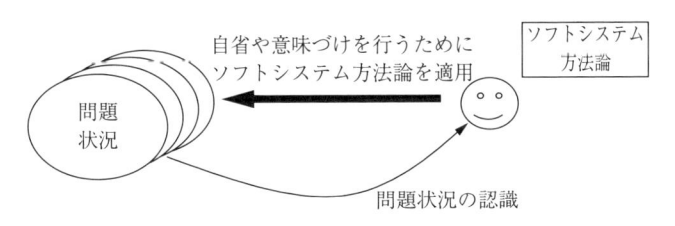

（b） SSMを活用しながら仕事を行う（モード2）

図3.1 ソフトシステム方法論の活用の仕方

以上述べたように，ソフトシステム方法論の活用の仕方には二通りあるが，どちらにしても六つの基本要素（プロセスモデル，リッチピクチャ，基本定義，CATWOE分析，XYZ公式，概念モデル）を利用して行うと考えられる。

3.2 ソフトシステム方論のプロセスモデル

プロセスモデルは，ソフトシステム方法論の核となる枠組みである（図3.2）。

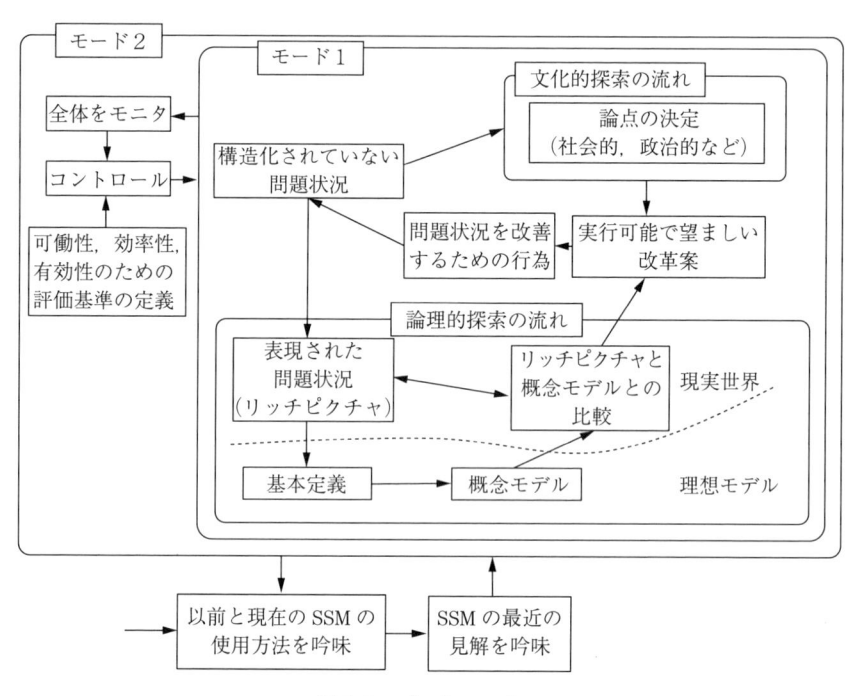

図3.2 プロセスモデル

まず，モード1について説明する。最初に構造化されていない問題状況を把握する。ここで構造化されていないということは，発生した事象や問題と考えられる事柄が整理されずに羅列している状態を指す。この問題状況は，**文化的探索の流れ**と**論理的探索の流れ**を通して，実行可能で望ましい改革案を決定する。そして，決定された改革案を実践するという流れが一つの単位として存在する。

論理的探索の流れとは，問題状況を解明するために作成したモデル（理想モ

デル）と検討中の現実世界との比較を行い，ディベートを系統立てて実施するのに役立つものである。従来いわれている7ステージモデル[1]を含んでいる。すなわち

- まず，構造化されていない問題状況を整理する。それには問題状況に対してリッチピクチャを用いて，課題や論点を明確にし，表現された問題状況を作ることが必要となる。
- 課題または論点に対する意図的活動のもとになる基本定義を作る。
- 基本定義から概念モデルを構築する。これによりシステム思考を利用したあるべきシステムモデルの表現が可能となる。
- 概念モデルをリッチピクチャにより得られた現実と比較し，実践のための行為を論理的に導出する。

　文化的探索の流れとは，ソフトシステム方法論を用いた検討を成功させるために，検討対象とする問題状況を取り巻く文化や風土について発見を行うことである。そのため，論理的探索の流れから得られた実行可能な改革案に対して，われわれが属する文化や風土といった背景が相互に作用しながら，より望ましい改革案を決定していくプロセスが必要となる。この部分を担うのが文化的探索の流れである。具体的には，これまでの上司の方針が，安い商品でも数多く売ることで売上げを伸ばすことであったものが，新しい上司になったとたんに方針が変わり，数ではなく質のよい商品の売上げを優先的に伸ばすこととなる場合や，システム開発において，システムがどのような機能を備えているかといった機能重視の開発であったのが，周辺環境の変化からシステムの利用者が使いやすい利便性重視の開発にシフトしていく場合などのように，たとえ検討した改革案が論理的でも，文化的観点の考慮をしなければ，検討が無駄になる恐れがある。そのため，文化的探索の流れは重要であるといえる。

　つぎに，モード2について説明する。モード1の一連の流れ，すなわち文化的探索の流れと論理的探索の流れから，望ましい改革案を実行し，その改善行為がはたして成功したかどうかをつねに評価し，自省していかなければならない。企業経営でもPDCAサイクルは重要だといわれているとおり，結果全体

をモニタし，成功したかどうかの評価を三つの観点（可働性，効率性，有効性）から行い，必要に応じて適切なコントロールを実施する。その流れが継続的に行われるのがモード2となる。ここでいう，三つの観点は**3E**と呼ばれており，この手段でうまくいくかどうかを評価する**可働性**（efficacy），単位あたりのアウトプットにどのくらいの資源を利用したかを評価する**効率性**（efficiency），対象とする手段で目的を達せられるかを評価する**有効性**（effectiveness）である。

ここまでソフトシステム方法論におけるプロセスを述べてきたが，注意しなければいけないことは，この方法論は原理原則であって，テクニックや単なる方法ではないということである。したがって，ソフトシステム方法論を身に付けたからといって，問題状況を解決する方法が身に付いたわけではなく，どのように考えていくかの原理原則を示していることである。テクニックや具体的な方法は，学習と経験により蓄積されるのである。

3.3 リッチピクチャ

構造化されていない問題状況を整理して，関与している人達に共通の問題状況を認識してもらわなければならない。これまで社内会議での資料は，文章でまとめられたものが多く，その文章をどう受け止めるかによって，関与者同士同じことを理解できているかどうかを確認するのは困難であった。プレゼンテーションソフトの発達により，図や絵で表現して，視覚的に共通認識を持てるように手法が変化していった。この構造化されていない問題状況を整理するのに有効なのが**リッチピクチャ**である。リッチピクチャの働きは，現状認識を行うこと，解釈がはっきりした語・図により表現すること，これから作ろうとしている人間活動システムについてインスピレーションを与えることが挙げられる。

図3.3にリッチピクチャの例を示す。ここでは，ある企業の営業課で，情報システム受注が少ないという問題状況について，リッチピクチャを描いた例

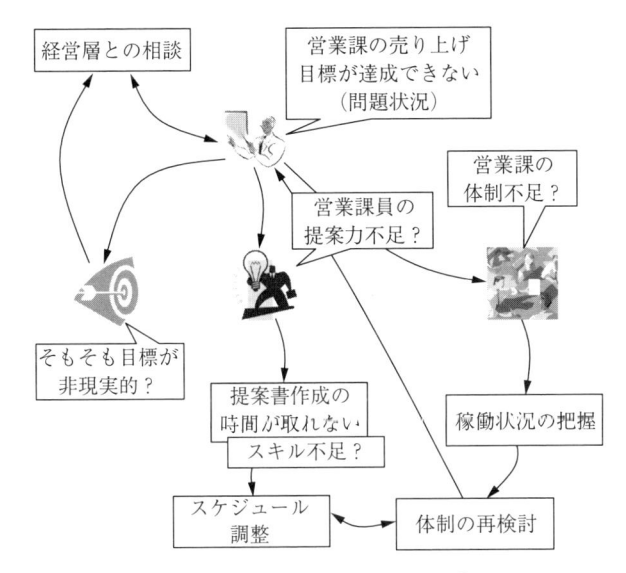

図 3.3 営業課の売り上げに関するリッチピクチャの例

を説明する。この問題状況は，関与者にとってさまざまな印象を与えるので，まず受注が少なく，売り上げが伸びないという問題状況をもう少し詳細化して，整理する。すなわち，そもそも設定した売り上げ目標が非現実的であったのか，情報システム技術は日々進歩しているので，営業課の社員のシステム提案力不足なのか，あるいは，人数が少ないといった体制不足なのかということである。もちろん，このリッチピクチャを描く人の個性が表れるので，別の表現による詳細化が生じる可能性はある。例えば，縦割り組織の弊害などを日頃感じている関与者によっては，システム技術者と一緒に営業することなどを描くかもしれない。ここで描いた売り上げ目標が非現実的という問題状況があれば，それは経営層との相談事項という方向で検討を進める。営業課員の提案力不足であれば，課員のスキル不足なのか，それとも提案書作成の時間が取れないのかといった詳細を把握し，もし提案書作成の時間が取れないのが問題であれば，作業状況からどのような時間に無駄があるのか，あるいは軽減できるのかといったスケジュール調整を行い，課員体制の再検討を進める。また，社員不足で，顧客への対応が困難といった場合は，課員の稼働状況などを把握し

て，体制の再検討を進める。このように，どんどん細分化していくことにより，関与者同士の認識を共有し，新たな現実の問題点を発見していく。

リッチピクチャを描くのに，定まった形式はない。そのため，描かれた図には，描いた人の個性が表れ，描いた人が思っている「何が大切か」も示される。

3.4 基本定義

基本定義とは，関与者がある問題状況に置かれたときに，そこに対するシステム認識に基づいてシステムの目的と理想状態を表現したものである。この基本定義には，変換プロセスと世界観を必ず含んでいなければならない。

変換プロセスでは，まず何を何に変換するかを記述しなければならない。そのための変換プロセスの基本的ルールを以下に示す。

① 入力と出力は同種類であること。
② システムの状態の変化を表すこと。

この基本的ルールに則って変換プロセスとしてのよい具体例を以下に示す。

- 「投資可能な余剰資金」を変換して「投資された余剰資金」とする。
- 「販売可能な製品」を変換して「販売された製品」とする。
- 「必要とされる利益」から「得られた利益」へ変換する。

一方，変換プロセスとしてよくない具体例を以下に示す。

- 「販売可能な製品」を何らかの変換（販売など）をして「利益を得る」。
- 「医療システムの設備」を「充足された医療ニーズ」に変換する。
  （もし「医療システムの設備」が入力ならば，出力は「使用された設備」となり，「充足された医療ニーズ」が出力ならば，入力は「医療ニーズ」となる。）

上記の入力と出力の種類が異なっている例では，与えられた行為から結論や別の行為を導出する，すなわち因果関係を表すことになる。因果関係と変換プロセスは違うということを理解していなければならない。

つぎに**世界観**について説明する。世界観とは，「世界とは何なのか」，「どう

して存在するのか」,「その中で人間はいかなる位置を占めるのか」などの問いに答えようとするものである。したがって，世界観は，人生観や生き方と結びついた世界に対する態度およびその表明であるとみなすことができ，それゆえ，世界観はその個人が属する民族，国家，時代，地域，社会，職業，階級などによってきわめて多種多様である〔Wikipedia より（2014 年 5 月現在）〕。

例えば，**図 3.4** に示すように，大学という高等機関をシステムとして認識し，何が何に変換されているのかを考える。このとき，どのような問題状況において，なぜシステム認識が必要なのかという，一種の文脈を把握することが重要である。単に入学試験に合格して卒業するまで所属する機関といったように一元的に捉えては，問題の本質を見失う。そこで，つぎの三つの世界観を考える。

W1：学生が高等教育を修める機関
W2：専門研究を行う機関
W3：社会に出る（就職する）ための養成機関

W1 では，高校を卒業した学生が，より高度な学問を身に付けるために大学という機関が存在し，それらの学問が身に付いたかどうかは，各学問の単位の

（a） 学生が高等教育を修める機関（W1）

（b） 専門研究を行う機関（W2）

（c） 社会に出るための養成機関（W3）

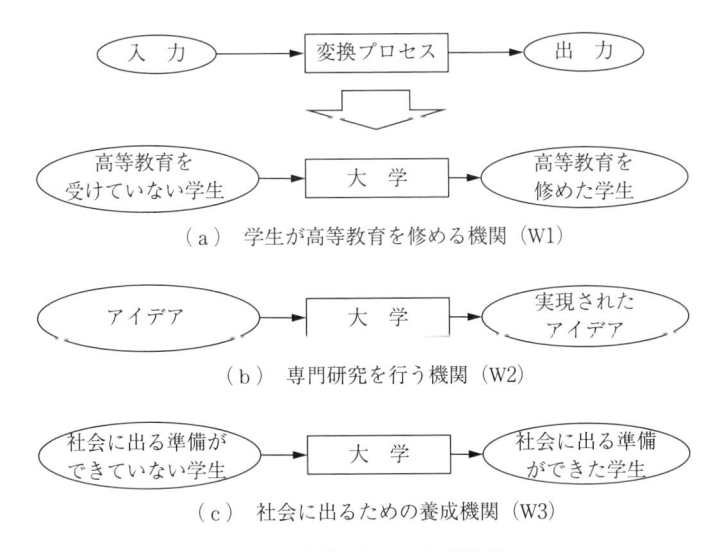

図 3.4 変換プロセスと世界観

取得状況により確認していくと捉え，大学は学生が高等教育を修める機関であると考えている。これは高等教育を受けていない学生（入力）が，高等教育を修めた学生（出力）へと変換されるプロセスに対する世界観を与えている。

W2では，研究に重点を置き，各国と研究競争をしている状況を想定し，専門的な最先端の研究を行う機関であると考えている。これは，頭の中のアイデアが研究を通すことによって実現されたものとして捉えることができる。

W3のように，大学を卒業すると社会に出るわけだが，これは多くの人にとって就職することを意味している。このように大学を社会に出るための養成機関と考えることも一つの世界観である。その場合は，社会に出る準備ができていない学生を社会に出る準備ができた学生に変換すると考えられる。

以上のことから，異なった世界観に基づいて，変換プロセスが何種類も違ったように概念化されるため，一つの基本定義は，必ず一つの世界観に基づいて表現されなければならないという規則に注意する必要がある。

3.5 CATWOE 分析

CATWOE 分析は，基本定義を作るうえで考慮しなければならない要素を明示的に体系化したものである。これにより自己の状況へのシステム認識が明らかになる。CATWOEは基本定義の要素としてつぎの六つからなる（**表3.1**）。

前節で述べた基本定義との関連を**図3.5**に示す。基本定義自体は，先にも

表3.1 CATWOE の基本定義

C	customer	顧客	Tの犠牲者または受益者
A	actors	実行者	Tを行うであろう人々
T	transformation process	変換プロセス	活動の入出力関係
W	weltanschauung	世界観	文脈においてTを意味あるものにする世界に関する見方
O	owner	仕組みの所有者	Tを止めることができるであろう人々
E	environmental constraints	環境制約	仕組みの外部にある所与として受け取っている要素

3.5 CATWOE 分 析

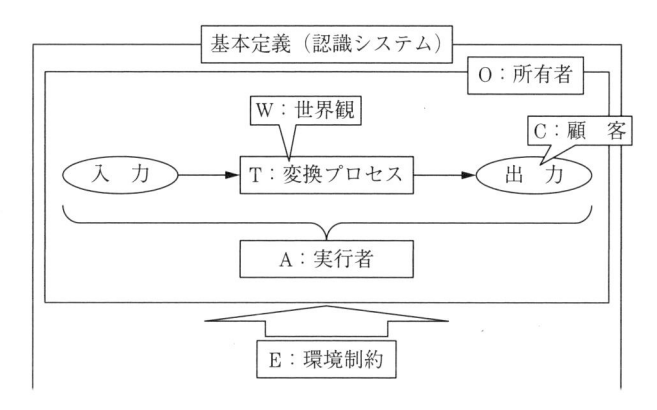

図3.5 CATWOE と基本定義との関連

述べたとおり，CATWOE すべての要素を含んでいる。ある世界観（W）に基づいて，変換プロセス（T）が決まり，入力を出力に変換する。この一連の流れを行う人が実行者（A）である。その結果として出力を受け取る人が顧客（C）である。この変換プロセスをコントロールできる人がこの仕組みの所有者（O）であり，その仕組みは環境制約（E）があるのが一般的である。これらをシステムとして認識することで基本定義を構成している。

例えば，「市場予測と IT 技術の進歩に基づき，システム開発部門のシステムエンジニアによって，システム発注者へのシステム開発計画を作成するソフトウェア開発企業の仕組み」の基本定義のための CATWOE 分析は，以下のとおりとなる。

C：システム発注者
A：システム開発部門のシステムエンジニア
T：「システム開発計画に関するニーズ」を「満たされたニーズ」に変換する。「情報」を「計画」に変換する。
W：システム開発の合理的計画策定は望ましく可能である。また合理的な計画を可能とするのに市場動向や IT 技術動向は必須であるという世界観。
O：ソフトウェア開発企業
E：企業における各組織の役割，必要情報の入手可能性に関する制約など。

3.6 XYZ 公 式

CATWOE分析を考える際に，特に変換プロセス（T）と世界観（W）を求めるのに参考になるのが，**XYZ公式**である。XYZ公式は，システムの変換過程を捉えるための必要な枠組みとしての役割を果たしている。

すなわち，「Zを達成するために，YによってXを行うシステム」という表現が可能となる。Xは「何を（what）」行うか，Yは「いかに（how）」行うか，Zは「なぜ（why）」行うかを表している。

例えば，前節で挙げた，「市場予測とIT技術の進歩に基づき，システム開発部門のシステムエンジニアによって，システム発注者へのシステム開発計画を作成するソフトウェア開発企業の仕組み」という基本定義では，表3.2に示すとおり，以下のようなXYZ公式を考えることができる。

① システムを期限内に納入するため（Z），的確な提案を発注者へ行うことにより（Y），ソフトウェア開発受注を行う（X）仕組み
② 経営情報をもとにした新サービスを開発するため（Z），発注者へ必要なシステム機能を提案することにより（Y），コンサルを行う（X）仕組み
③ 収益を安定化させるため（Z），今後数年間のシステム化計画を発注者に提案することにより（Y），優秀なエンジニアを確保する（X）仕組み

以上の例のXを見ると，同じ仕組みであっても，「ソフトウェア開発受注を

表3.2 XYZ公式の例

	Z（why）	Y（how）	X（what）
①	システムを期限内に納入するため	的確な提案を発注者へ行うことにより	ソフトウェア開発受注を行う
②	経営情報をもとにした新サービス開発をするため	発注者へ必要なシステム機能を提案することにより	ソフトウェアコンサルを行う
③	収益を安定化させるため	今後数年間のシステム化計画を発注者に提案することにより	優秀なエンジニアを確保する

行う仕組み」,「ソフトウェアコンサルを行う仕組み」,「優秀なエンジニアを確保する仕組み」といったように,それぞれ異なる世界観を有していることがわかる。世界観が違えば問題解決を考えるための方向性や具体策もおのずと違ってくる。世界観を一つに絞る必要はないが,このXYZ分析を何度か検討して,関係者間での認識を共有することができる。構築した基本定義がよいかどうかは,Zのために手段Yをとることが適切かどうか,システムXの目的としてZは適切かというように,三つの項目の関係で評価する。

CATWOEのすべての要素を組み入れたときの基本定義は,「Oによって所有され,Aによって実行され,制約Eの中でZを達成するために,顧客Cに対してYによってXを行うシステム」のように示すことができる。

3.7 概念モデル

概念モデルとは,変換プロセスを可能にするサブプロセス間の論理的な関係を表す活動間の関係モデルである。すなわち,変換プロセス(T)を具体化する,言い換えれば,どのような活動をすれば基本定義が実現できるか,その仕組み(システム)が実行すべき活動の集まりを記述したものである。一方,3.4節から3.6節までにおいて説明した基本定義は,仕組み(システム)が何であるかを記述したものであり,その違いを明確に理解しておく必要がある。

そこで,概念モデルが考慮すべき事項としては,以下が挙げられる。
- 入力を得るにはどうすればよいか
- 出力に到達するには何をしなければならないか
- 得られた出力を使えるようにするには何をしなければならないか

例えば,前節で挙げた,「市場予測とIT技術の進歩に基づき,システム開発部門のシステムエンジニアによって,システム発注者へのシステム開発計画を作成するソフトウェア開発企業の仕組み」を取り上げ,この仕組みが,「収益を安定化させるため(Z),今後数年間のシステム化計画を発注者に提案することにより(Y),優秀なエンジニアを確保する(X)仕組み」と考える。

そのとき，概念モデルの例を図 3.6 に示す．概念モデル作成時の注意事項は以下のとおりである．

- 記述項目数は，7±2 を目標とすること（七つ前後の活動数とする）．
- 項目内の表現は動詞で行うこと．
- 詳細なところまで書かないこと．

```
1. 収益を安定化させるとは
   どういうことかを検討する
2. 優秀なエンジニアを確保すると
   はどういうことかを検討する
3. 今後数年間のシステム化計
   画を発注者に提案するとは
   どういうことかを検討する
4. システム化計画を提案するに
   はどうしたらよいかを考える
5. システム化計画を作成する
6. 今後数年間のシステム化計画
   を発注者に提案する
7. 優秀なエンジニアを確保する
8. 発注者にシステム化計画が
   提案されたかをモニタする
```

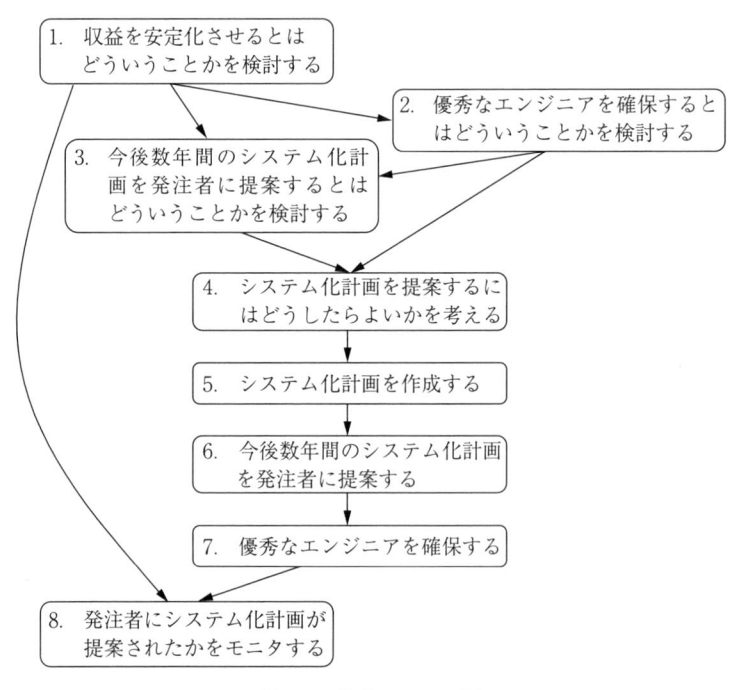

図 3.6 概念モデルの例

まず，「優秀なエンジニアを確保する」で，X の活動をするには，Y という手段「今後数年間のシステム化計画を発注者に提案する」の活動が必要となる．また，Y を決める前に，その活動内容を決める活動が必要である．ここでは，「システム化計画を作成する」が対応している．さらに，X，Y，Z は，そもそもどういうことかを検討する活動が必要となる．それらを概念モデルとしてまとめた．活動モデルの作成を通して，「収益を安定化させるため」には，本当に，「優秀なエンジニアを確保」すればよいのか？　そのようなことを議論

する。ここでは余計な現実の活動を意識しないことが重要である。3.2節のプロセスモデルで述べたことと同様に，概念モデルで作成した活動により基本定義の目的が達成されるかどうかをモニタするサブシステムのための基準として，可働性，効率性，有効性を利用する。また，このステージの検討中に，新しい気付きを得ることもあり，その場合には繰り返し作業を行う。

☆ 演 習 問 題 ☆

【3.1】 以下のA企業の売上減少に関する状況調査から，現状を把握するリッチピクチャを描け。
「商品BBは，最近売り上げが伸びなくて，目標未達成が続いています。特に競合他社による同様の商品の値下げ攻勢があったわけではないのですが，急激に売り上げが減少しています。確かに，すでに多くの利用者に普及しているため，付加価値をつける努力をした改良商品が商品BBだったのですが，付加価値と価格設定にギャップがあったのでしょうか。ここ半年で，スマホやタブレットのようなモバイル端末が，かなり普及しており，それらを利用して同じことができるようになるのではと，ユーザが考えているからかもしれません。」

【3.2】 つぎの基本定義をCATWOE分析せよ。
「総務省が所有し，通信事業者により実施され，通信トラヒックの輻輳を監視することで，国で決めた規定を遵守するため，ネットワークのボトルネックを減らし，緊急時の通信を確保する通信インフラシステム」

【3.3】 つぎの基本定義をCATWOE分析せよ。
「自治体の傘下で，町おこし行事を町づくり協議会が運営し，地元に活気を呼び戻す地域再生システム」

【3.4】 図3.4を参考に，リトルリーグ（少年硬式野球，女子ソフトボールの総称）に加入するという変換プロセスにより，自ら世界観を設定し，入力と出力を考えよ。

【3.5】 図3.4を参考に，企業で働くという変換プロセスにより，自ら世界観を設定し，入力と出力を考えよ。

4 問題を的確に発見する問題発見力

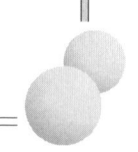

4.1 問題設定

　ソフトシステム方法論における論理的探索の流れでは，リッチピクチャにより問題状況を整理し，理想状態を表現する基本定義とその概念モデルとを比較することにより，問題点を発見していくが，このサイクルの中で問題が解決しない，あるいは解決したと思っても成果に結びつかないといったことがよくある。これはなぜだろうか。それは，「問題」そのものの捉え方が間違っているために生じる問題である。本章では，この問題とは何か，またそれを的確に発見するにはどのようにしたらよいかを説明していく。

　通常，**図 4.1**（a）に示すように，「問題」とは，「あるべき姿」と「現状」のギャップであるといわれている（例えば，文献 [12] を参照）。この「あるべき姿」とは基本定義や概念モデルを通して取得できるものであり，「現状」はリッチピクチャなどにより，構造化されていない問題状況を整理した状態である。このギャップが「問題」であるが，現状とあるべき姿が同程度であれば，その差分がないため，問題は発生しない（図（b））。また，あるべき姿が到達不可能なほどにハードルが高いと，いくら現状とのギャップは存在しても，意味のない問題が生じてしまう恐れがある（図（c））。したがって，深い洞察と「現状」および「あるべき姿」の本質に迫ることが必要となる。

　例えば，TOEIC の試験でいつも 300 点前後の点数しかとれないとする（現状）。1 か月後に控えたつぎの試験の目標として 300 点にする（あるべき姿は現状維持）ということは，なんらギャップが生じない。反対に，つぎの試験で必ず 900 点をとるということは（あるべき姿），不可能に近い状態かもしれな

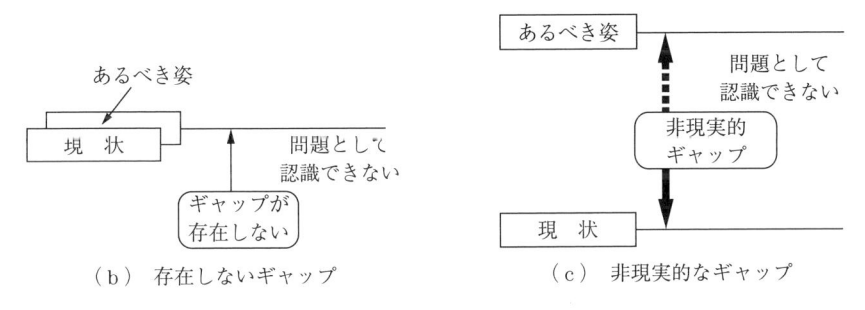

図4.1 問題の抽出枠組み

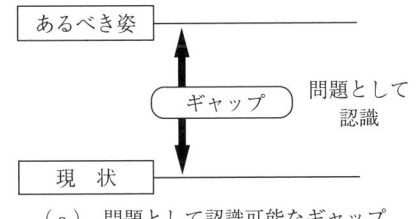

(a) 問題として認識可能なギャップ
(b) 存在しないギャップ
(c) 非現実的なギャップ

いため，かえってやる気をなくしかねない。したがって，適切な問題を設定するということは，あるべき姿の設定の仕方に大きく依存する。これがいわゆる物事の本質をよく見ることにつながる。

さらに，たとえ現状が誰にとっても同じであっても，あるべき姿はその人の置かれた状況や立場によって違うことを理解しておく必要がある。例えば，企業での赤字解消策として，経営者の立場からあるべき姿を考えると，売り上げ増やリストラによる支出抑制が挙げられるが，社員の立場から見ると，契約成立件数の10％増や事務用品購入節約などが挙げられる。特にビジネス上の解決策は，問題発見が適切になされたかどうかで決まるといっても過言ではない。

4.2 あるべき姿の設定（4P）

前節では，そもそも的確な問題設定には，あるべき姿を適切に描くことが重要だと記した。それでは，どのようにすればあるべき姿を描けるのか，本節で

は最低限このように考えていく必要があるという話を述べることにする。

あるべき姿とは，技術の進歩や人々の感性などに応じて，変化していくものである。したがって，いったんあるべき姿を描いたから，それが未来永劫利用できるというものではないことをまず理解しなければならない。例えば，工場の生産ラインを考える。わが国では，かなり以前からTQC（Total Quality Control）が盛んで，いかに製品の品質を維持して生産量を増加させるかという目標（あるべき姿）があった。そのため，各工程の標準化や目標作業時間の設定など効率性を追求し，これが職場単位で改良されていた。この仕組みによって，大量生産を実現していったのである。これは，対象とする製品が変わらず存続する間はよいが，物質的に豊かになった現在において，工場の生産ラインは，この目標をそのまま掲げ続けてよいのだろうか。少なくとも，まったく構造の異なる新たな製品開発になったときにどうしなければいけないのか，そのときにはどのようなやり方が必要になるかといった部分までは，おそらく考えが及ばないであろう。すなわち，周辺環境が変化している中で，あるべき姿が変わらなければ，イノベーションは起こらないということである。ある枠にはまってしまうと，このような状況に陥ってしまうことに注意しなければならない。

1960～70年代の高度経済成長時代のように安定して確実性の高い時代には，あるべき姿はそれほど変わらないため，現状とのギャップを把握しやすい状態だったといえる。このような状況での問題設定をオペレーション的問題発見と呼ぶ。一方，現在は，先の見えない不確実な時代であり，あるべき姿の設定自体が難しく，これを戦略的問題発見と呼ぶ。現在では，後者の戦略的問題発見スキルが求められていることからもソフトシステムアプローチが有効な方法であることがわかる。ここでは，文献[12]で紹介されている理論に従って，あるべき姿を構想するために役立つフレームワークを**問題発見の4P**（purpose, position, perspective, period）として説明する。purpose（目的軸）は，企業でいえば経営理念そのものであり，行動を起こすための意図，ねらいである。つぎにposition（立場軸）は，上下関係や利害関係などのおのおのの

4.2 あるべき姿の設定 (4P)

どの視点で捉えていくのかということである。3番目の perspective（空間軸）は，問題が大きく変化する枠組みの広がりの捉え方や切り口を考えることである。最後に period（時間軸）は，問題をどの時点で捉えるのかという観点である。以下に具体的なあるべき姿の設定例を示す（**図 4.2**）。

何のための情報システムか（目的軸）	・全社員の情報共有 ・情報の見える化　など
誰のための情報システムか（立場軸）	・経営者の視点 ・オペレータの視点　など
周辺状況をどこまで考慮するか（空間軸）	・現在稼働しているシステムと情報を共有するのか ・将来的に別のシステムと統合するのか　など
システムをいつまで使うか（時間軸）	・いつまで利用するのか　など

↓

あるべき姿

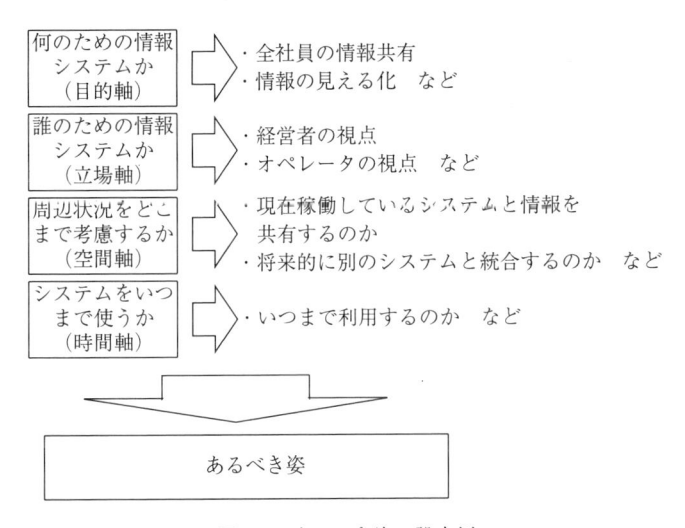

図 4.2　あるべき姿の設定例

　近年，情報システムは企業経営の根幹を担うものとして重要性が叫ばれているが，はたして何をシステム機能として実現すればよいのか，言い換えれば，企業における情報システムのあるべき姿は何かを取り上げてみる。

　まず，情報システムの目的をどのように位置づけるか，「経営の根幹をなす」ではあいまいなので，もう少し具体的な目的を検討していく。例えば，大企業であれば，意思伝達までに相当な時間を要するため，迅速な対応が困難になることが想定される。その場合には，全社員の情報共有というのが目的となる。一方，役員会議での意思決定を迅速に行うため，日々の売り上げ状況が一目で把握できる仕組みが必要となる。この場合には，情報の見える化が目的となる。

　つぎに，誰のための情報システムかを検討する。これは構築する情報システムの恩恵を誰が享受するかである。つまり，経営者が意思決定するシステムで

あれば経営者の視点が，顧客対応オペレータが利用するシステムであればオペレータの視点が必要となる。さらに，空間的な広がりとして，これから開発するシステムは，現在稼働しているシステムと情報を共有するのか，将来的に別のシステムと統合するのかといったように，視点を現在のシステム開発から広げる必要がある。その結果，「既存システムとデータの自動連携ができること」といったようにあるべき姿を設定することができる。最後に，開発したシステムをいつまで利用するかといった時間軸である。例えば，「サーバなどの性能向上を考慮せず，5年間は継続して利用するシステム」という設定が可能となる。

4.3 仮説の構築

　本節では，あるべき姿と現状のギャップから問題の本質を構造化するため，仮説の構築方法について説明する。仮説は，問題状況から問題を設定する際に，漠然と状況を捉えるのではなく，状況の構造的把握から意味合いや方向性を引き出し，つぎのアクションの方向性を示す結論に結びつける思考手段である。

　これまで日本は長いデフレ状態にあり，各企業も閉塞感が漂っている。そのため，大卒者の就職も厳しい状況にある。しかし，せっかく企業に就職した学生が3年以内に退職する離職率が3割を上回る状況になっている。メディアなどの記事の多くは，現代の若者は人との接し方を知らない，コミュニケーション不足から，ほかの社員とうまくやっていけないため行き詰まる。結果として離職が多いというように，一方的に学生の資質に原因があるとの主張も見受けられる。それを聞いて，何となくそうかなと感じてしまうことが多々あるのではないかと思う。仮説の構築とは，まずそういった先入観を捨て，客観的なデータから作り上げていくことを目的としている。この場合であれば，まず企業の求人状況と離職率が関係あるのかどうかを毎年の推移で分析してみる。確かに求人倍率が低い年は離職率が高い傾向にあることがわかる。このことから，学生は就職の選択肢が狭まることから早期内定優先指向になる，また企業は優秀な学生を確保するため過度な採用をする傾向になるといった仮説を立て

ることができる。さらに，その結果にとどまらず，もう少し詳細に，産業別に離職率はどうなっているのか，基本賃金との関係は？企業の規模との関係は？と検討していく。そうすると，学生は企業研究に，じっくり時間をかけているのか，企業は学生が得たい情報を的確に開示しているのか，といった問題が提示される。この流れを図 4.3 に示す。このようにデータ分析から導かれる意味合いを必ず引き出していく（so what：だからどうした？を考え抜く）ことにより，仮説をより確かなものにするとともに，現状をより正確に把握していく。

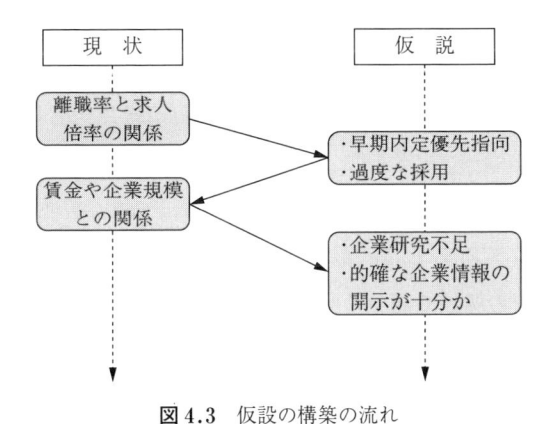

```
   現 状                    仮 説

 離職率と求人   →   ・早期内定優先指向
 倍率の関係        ・過度な採用

 賃金や企業規模  →   ・企業研究不足
 との関係         ・的確な企業情報の
                   開示が十分か
```

図 4.3　仮設の構築の流れ

一般に，以上述べた仮説の構築に際してのデータ分析は客観的に物事を見ることができるため，定量的な分析が望ましい。しかし，数字はあくまでも一つの結果に過ぎないので，何も関係性を発見できないこともある。これは，仮説が間違っているか，データが対象としている分析に適切でないかである。もし仮説が間違っていない場合は，データの捉え方を再考する必要がある。上の例で，産業別の離職率と平均賃金はデータとして求められるが，それらはまったく関係性を見いだせない。これは，賃金と離職率の関係を検討するのは意味がないといえる。しかし，離職率，平均賃金ともに順序尺度とすると，平均賃金の順番が低い産業は離職率の順番は高いという傾向が発見できる。このように，発見する事柄を十分に理解し，データの捉え方を試行錯誤していく必要がある。

4.4 重要な要因の抽出手法（MECE, トレンド分析）

本節では，あるべき姿と現状のギャップとして捉えた問題を分解して，その本質を見極める分析手法について述べる。本節から4.7節までは，「拡がり」，「深さ」，「重さ」の三つの視点から問題を構造的に捉える手法を紹介する。ここでいう「拡がり」とは，企業活動に関わる，ビジネス上の問題となるスコープである。例えば，スマートフォンサービスといったときに，それが通話端末のみを指しているのか，テザリング機能を利用した無線LAN端末を指しているのか，クラウドコンピューティングと接続した情報共有端末を指しているのか，それぞれのスコープによって，企業のとる戦略は変わってくる。

有効な手法として，**MECE**（Mutually Exclusive Collectively Exhaustive）を紹介する[12], [13]。MECEとは，漏れも重複もない集合を作ることである。図4.4に漏れと重複の関係で四つのパターンを示す。図（a）は漏れも重複もない理想的なパターンを表している。これは，ターゲット1をブロードバンドアクセス市場と考えると，有線サービス市場（A）と無線サービス市場（B）の二つしかなく，しかもおのおのが独立であるという場合に相当する。つぎに図（b）は，重複はないが漏れがあるパターンを示している。ワイヤレスブ

（a）漏れも重複もないパターン　　（b）重複はないが漏れがあるパターン

（c）漏れはないが重複があるパターン　　（d）漏れも重複もあるパターン

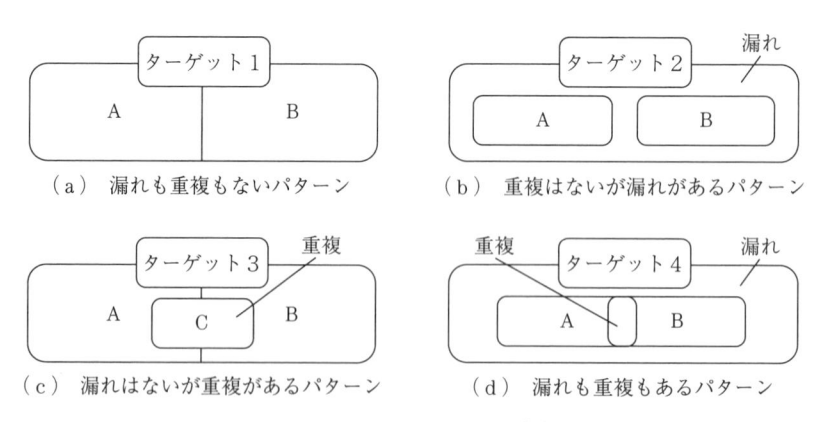

図4.4 MECEのパターン[12]

4.4 重要な要因の抽出手法（MECE，トレンド分析） 49

ロードバンドアクセスサービス提供企業をターゲット 2 と考えれば，A には携帯電話サービスから始めて，ブロードバンドサービスのアプローチを検討する事業者が，B には無線 LAN サービスから始めて，ブロードバンドサービスを検討する事業者が考えられる。しかし，それ以外にも衛星通信の利用によるブロードバンドサービスを検討する事業者もいるかもしれない。これは漏れによって的を外していないかどうかを整理するうえで重要なポイントである。図（c）に示した漏れはないが重複があるパターンがターゲット 3 であるが，CATV 会社などは，もともと TV 放送を提供するプロバイダであったが，近年の TV 放送を提供する同軸ケーブル設備などを利用して，インターネット接続サービスや電話サービスを行っている。例えば，企業規模が大きく，ある部署ではインターネット接続サービスの顧客を管理し（A），別の部署では TV 放送契約者を管理（B）していると想定する。これは，企業において部署は異なるものの，ターゲットとなる顧客は同じ人を対象とする可能性が高く，効率的な販促活動が行われているとはいい難い。このような状況のときに，重複によって効率を阻害していないかどうかは重要となる。最後の図（d）の，漏れも重複もあるパターンは，例えば携帯電話の大きな役割を考えると，音声通話サービス（A）とインターネット接続型データ通信サービス（B）がある。しかし，最近では，通話サービスだといってもインターネットを経由した IP 電話があることから，A と B を独立に切り離すことが難しかったり，携帯電話端末としては，そもそもカメラやカードのような役割も有しており，漏れが生じる状態といえる。

つぎに**トレンド分析**について説明する。トレンド分析は，過去からの長期の傾向を注目している挙動の構造変化から読み取ることである。一般的にグラフ化することが有効であり，以下のポイントが挙げられる（**図 4.5**）。

（1） **グラフの傾きを見る**：傾きとは，対象としている物事が増加したり減少したりするのがわかるので，なぜそれだけ増加したのか，あるいは減少したのかを熟考していくことが必要となる。図（a）では，大卒者の離職率の毎年の推移を表したものであるが，1995 年以降，なぜ 30％ 以

[%] 〈離職率〉　　　　　〔百万〕〈ブロードバンド契約数〉

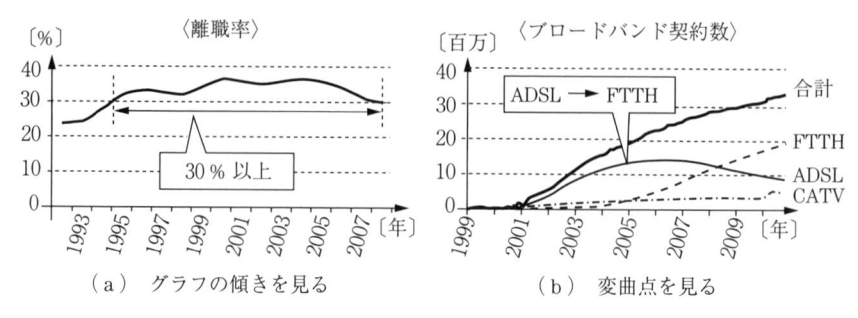

図4.5 トレンド分析のポイント
(a) グラフの傾きを見る
(b) 変曲点を見る

上となっているのかという理由を考えるということに相当する。

(2) **変曲点を見る**：際立った変曲点が見られたら，その場合も理由を考える必要がある。図(b)では，合計のブロードバンド契約数は増加の一途をたどっているが，その内訳の推移を見ると，ADSL契約数は2005年から減少に転じており，変曲点が存在することがわかる。これは，FTTH利用にユーザがサービスを乗り換えるという構造変化が起こっているからである。

4.5 重要な要因の抽出手法（コスト分析，バリュー分析）

拡がりの観点から，顧客の視点が重要となる。すなわち，顧客から見て製品コストが妥当なものかどうかを判断することである。企業が提供する製品やサービスが顧客を満足させられるかどうかは，訴求力に依存している。この訴求力は，顧客の認知する価値（バリュー）と価格（コスト）の差で決まる。バリューがコストより高ければ，顧客の満足度は存在する。一方，バリューがコストより低ければ，顧客は失望し，以後誰も購入しない最悪の状況へつながる。付加価値は，顧客が支払うコストに等しい。だからといって，コストをかけた製品やサービスが必ずしも顧客を満足する保証はどこにもない。コストや手間を多くかけているから付加価値が高いという意味ではなく，顧客のバリューが認められ，ほかの製品と差別化が図られているということが必要である。

4.5 重要な要因の抽出手法（コスト分析，バリュー分析）

コスト分析は，まず対象とする製品やサービスに固有のプロセスを記述し，おのおののプロセスのコストを積み上げることからはじめる。コスト分析のポイントは，得られた状況からどのような意味合いを引き出すかにある。例えば，4Kテレビ（表示パネルの画素数が，フルハイビジョンの4倍ある高画質化を追求したテレビ）の売上を伸ばそうと各メーカは熾烈な競争を展開している。このプロセスを分解したときに，低価格化により訴求力を高め，競争優位性を確保するのが得策なのか，資源をさらに投入して価値を高める価値創造を実現するのが得策なのかを見極めることが大切である。

つぎに顧客にとっての現在そして将来の価値を高める**バリュー分析**がもう一つの要素である。顧客にとっての製品やサービスの価格はコストである。もし同じ価格の商品が二つあったときに，どちらを選択するかは，その商品に対して顧客が意識した価値（バリュー）の差に依存する。**CS**（Customer Satisfaction）は，顧客が製品やサービスを利用した後に実感として持つ満足度を示す。一方，**CE**（Customer Expectation）は顧客が実際に製品やサービスを購入または利用する前に持つ期待値である。

図4.6に示すように，コストに比べて，CEが高いことは顧客の期待感を高め，新たに利用を促す意味で，新たな顧客を創造することにつながる。そして実際に購入したユーザのCSがCEと同等かそれ以上であれば（図(a)の場合），顧客は期待値を上回る満足を得るため，顧客を囲い込むことができる。逆に，コストに比べてCEを膨らませても，結果としてCEよりもCSが低ければ顧客の期待は低下する。もしまだコストよりもCSが高ければ納得するこ

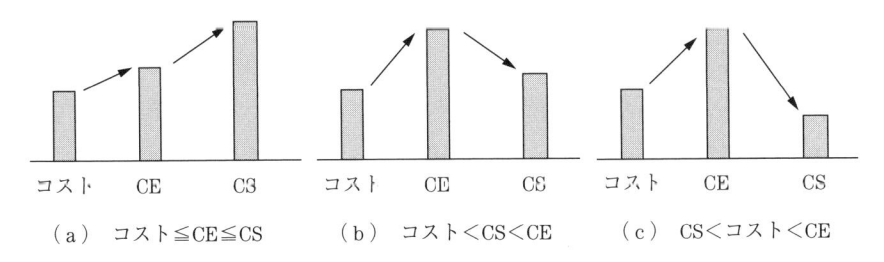

(a) コスト≦CE≦CS (b) コスト＜CS＜CE (c) CS＜コスト＜CE

図4.6 顧客期待度と満足度

とも考えられるが（図（b）の場合），コストよりもCSが低ければ，顧客は裏切られたと感じ，リピータとしては戻ってこない（図（c）の場合）。

4.6 問題の構造化

「深さ」を考えるとは，問題の本質を捉えるために，問題を構造化することである。日常生活の中でわれわれが関わる社会的な問題は，単純に原因と結果という関係には収まらない。これは，社会環境が複雑であり，不確定であることに起因する。ある結果に対して具体的な問題や課題を設定していくには，構造を把握して問題を捉えていくことが重要となる。これが「深さ」のねらいである。

近年「孤独死」が社会的問題になっており，TVなどでも特集番組が組まれている。「孤独死が増加したのはなぜか」という問題を深堀してみる。

「孤独死の増加」→なぜか。「世話や介護を受けるのが困難な無縁社会の広がり」→なぜか。「民生委員や訪問医師の不足」→なぜか。「国や自治体の明確な方針整備が遅れているため」となる。

「孤独死の増加」の一つの原因を掘り下げると，「一人世帯の増加」が挙げられる。ここから導かれる解決策の方向性は，「一人世帯をなくすこと」になる。しかし現実的には，それができないため，社会的な問題となっているので，論理的な思考にはなっていないことがわかる。

もう一つの留意点は，論理の流れは時代の中で変化するということである。すなわち，技術革新や消費者の嗜好変化や規制緩和などのわれわれを取り巻く環境の変化によって，例えば，「孤独死」に関しても，技術が発達し，一人ひとりがペースメーカのような機械を常時身に付けさせられる世の中になって，何か異常が起これば，すぐにロボットが駆けつけるような社会になると，孤独死の増加は無縁社会の広がりではなく，もう少し内面的なものになるかもしれない。

以上，述べた論理的な思考をするうえで，有効な方法として，**図4.7**に示

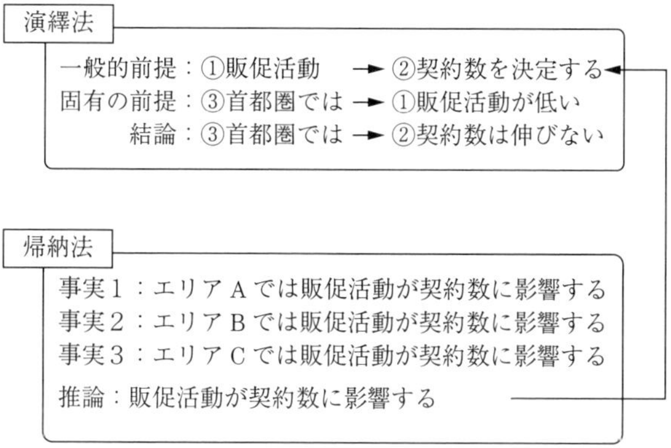

```
┌─ 演繹法 ──────────────────────────────────┐
│   一般的前提：①販促活動  → ②契約数を決定する ←┐│
│   固有の前提：③首都圏では → ①販促活動が低い   ││
│       結論：③首都圏では → ②契約数は伸びない  ││
└──────────────────────────────────────────┘│
┌─ 帰納法 ──────────────────────────────────┐│
│  事実1：エリアAでは販促活動が契約数に影響する  ││
│  事実2：エリアBでは販促活動が契約数に影響する  ││
│  事実3：エリアCでは販促活動が契約数に影響する  ││
│  推論：販促活動が契約数に影響する ────────────┘│
└──────────────────────────────────────────┘
```

図 4.7　演繹法と帰納法の組合せ[12]

す演繹法と帰納法を組み合わせた方法がある。**演繹法**とは，論理の大原則で，仮説を得ることを目的とし，三段論法として有名である。一方，**帰納法**は，複数の事実から共通性を見いだす推論である。この帰納法で得られた推論を演繹法の大前提として仮説を構築するという方法である。

4.7　優先度づけ

「重み」とは，問題や解決策を評価し，どれに焦点をあてて意思決定を行うかである。つまり，対象となる事柄に優先順位をつけることが重要となる。一般に経営資源（人，もの，金）には限界があるので，問題としての重要性や緊急性から取り組むべき問題を取捨選択するのが普通である。そのため，重点的に資源を配分する問題を明顕にする必要がある。この重みづけは，問題が複雑化すればするほど，困難となる。それは，以下の理由による。

①　企業の組織は，部門や階層など，どの立場にいるかで，問題の見え方や重要性が異なってくる。そのため，同じ対象であっても，問題点が異なり，解決策の方向性が定まらないという状況に陥る可能性が大きいからである。

②　企業の抱える問題は単一ではなく，多く，かつ多岐にわたっているから

である。

③ すべての問題を解決するために資源を分散させると，一つひとつが中途半端な解決になり，インパクトがないものになってしまうからである。

重みづけを行う有効な手法として，**感度分析**がある。感度分析とは，ある影響因子が原因となって結果に影響を及ぼす場合，その影響因子の変化でどの程度結果が変わるのかという感度を分析する方法である。例えば，日本の自動車産業の労働生産性を分析してみる。ここで労働生産性を従業員あたりの付加価値と定義する。付加価値は，当期利益，人件費，動産・不動産賃貸料，減価償却費などの要因からなるものとする。各要因を数%変化させた場合に，日本の自動車産業9社おのおのの労働生産性がどの程度の割合で変化するかを計算すると，従業員数，人件費，減価償却費の順に影響が大きいことがわかる。したがって，労働生産性の向上には，これら三つの取組みを検討するのが有効であるといえ，それに基づいた重みづけにより検討を進めることができる。

ほかにも有効な手法として，**ABC分析**（重点分野をABCとランキングして優先順位を明らかにする手法），**リスク分析**（不確実性の中で意思決定を行う）などがあるが，手法の詳細は文献[12]などを参照されたい。

☆ 演 習 問 題 ☆

【4.1】 年金のあり方について，あるべき姿を論じよ。

【4.2】 タブレット端末は，なぜ爆発的に利用されるようになったのかを，仮説を深掘りする方法で構築せよ。

【4.3】 コンピュータをWindows OSとMac OSに分類した。これは正しいMECEかどうか，またその理由を答えよ。

【4.4】 飲み物について，MECEを作成せよ。

【4.5】 赤字企業の黒字化対策について，MECEを作成せよ。作成したMECEに対して，さらにMECEを考え，2段階の検討をせよ。

5 ソフトシステム方法論を用いた要求分析と UML

5.1 要求とは

　4章では，得られた問題は，さまざまな内容や意味合いを含んでおり，企業の有限資源という制約の中で進めていくには重みづけにより，問題の絞り込みや優先度づけを実施するのが適切であることを述べた。本章では，この問題の絞り込みについて，システム開発の要求分析を対象に説明する。

　まず，ある事例を紹介する。A社では，社員が物品を購入するたびに，これまで手書きで伝票を作成していた。購入する物品は事務用品なので，同じ商品名や品番が多いが，そのつど手書きで作成しなければならないという状況であった。情報部門では，物品購入業務の効率化にシステムを導入することを決めた。システム開発が終了後，導入し，いざ利用し始めると，「手書きを電子化しただけで入力稼働はまったく変わらない，入力情報に間違いがないかを確認するため，いったん様式を印刷して手書きで下書きしてから入力するので逆に手間がかかる」といった苦情が利用者から出た。せっかく，効率化になると思って開発したシステムが，何が悪かったのか。ここでは，システム開発者が，どのようなシステムを開発しようとイメージしたかが問題であるが，イメージする際には利用者の声を理解する必要がある。この場合には，でき上がったシステムが実現する機能は，利用者の要求とはかけ離れたところにあったということである。

　それでは，そもそも**要求**とは何か。辞書などで調べると，「必要または当然のこととして相手に強く求めること」という記述がある。相手とはどのような人達か。情報サービスマネジメントのフレームワークとして代表的な **ITIL**

(Information Technology Infrastructure Library)[14]において定められているシステムに関わる人達（ステークホルダー）を考えてみる。ITILはシステム開発だけに着目した考え方ではなく，そのシステムを利用したビジネスやサービスまでスコープを広げて，どのように進めていったらよいかを考えるための枠組みである。いま，一つの企業を取り上げてシステムを開発した後，それを利用してサービスを展開する計画があるとし，自分はそれを推進するIT部門にいるとする。そのとき，ステークホルダーには直接そのシステムを開発する開発部門だけでなく，経営層，顧客（同じ企業内のサービス導入責任組織），システム利用部門などが含まれている（**表5.1**）。

表5.1 ステークホルダーと要求

ステークホルダー	要　　求
経営層	外部環境，社会条件の変化への迅速な対応
	データの一元化，可視化，共有化による意思決定支援
顧　客	システム構築の期日と品質の確保
システム利用部門	業務に依存しない同一操作性の確保
	端末に依存しないアクセス・操作性の確保とセキュリティ管理の徹底
	重複作業の回避と作業のシンプル化
開発部門	迅速な開発と導入のための新手法の利用
	重複開発の防止

例えば，経営層であれば，企業経営を安定化させるために，外部環境や社会条件の変化に迅速に対応したシステムが必要だと考えるだろう。また，売上などの日々のデータを一元的に管理し，可視化することにより経営層間で情報を共有し，意思決定を迅速に行う仕組みが必要だと考えるだろう。実際にサービスを導入する顧客（サービス導入責任組織）は，サービス提供にそのシステムが不可欠なものであれば，期日と品質の確保がはずせない要求として挙がってくる。一方，システム利用部門では，業務効率化の観点からシステム操作性の統一，セキュリティ管理の徹底，重複作業を回避して作業をシンプル化することにより操作ミスをなくす要求があるだろう。さらに，開発部門では，迅速に

開発し導入するためのパッケージソフトや新手法の利用,重複開発を防止する仕組みなどを要求すると思われる。このようにシステム要求とは,立場の違いにより異なるものであり,限りある企業の資源を最大限活用して,どのように実現していくかは大変難しいことがわかる。

5.2 要求のレベル

前節で,ステークホルダーの立場の違いによりさまざまな要求があることを説明した。本節では,それら要求を体系的に整理することを目的とする[15]。まず,各ステークホルダーとの話し合いの中で,さまざまな要求が出てくるが,それらをまとめると,問題解決や目標達成のために,ステークホルダーが必要とする要件(**ステークホルダー要求**)と,契約や規格,仕様などを満足するために,ソリューションやそのコンポーネントが満足しなければならない要件(**ソリューション要求**)の二つに分類できる。

ステークホルダー要求は,前節で説明したとおり,特定のステークホルダーの意見や要望を記述したもので,サービス,システムおよび業務プロセスといったものに対しての意見や要望である。一方,ソリューション要求は,システムの振る舞いを具体化する機能要求と,信頼性や品質,セキュリティなどのシステム機能とは直接関係しない非機能要求に分類される。

これらのステークホルダー要求とソリューション要求は,企業の目的や目標を対象としたビジネス要求を満足するような形で現れる。このビジネス要求は,最もレベルの高いニーズである。通常は,なぜ本プロジェクトが必要かという質問に答える形でドキュメント内に定義される。すなわち,ドキュメント内には,ビジネスのビジョン・達成目標や目的,組織的・財務的・機能的なスコープ,役割と責任,プロジェクト管理やリスクマネジメント,作業計画とリリース戦略などを記述する。

以上の結果を**図5.1**にまとめる。要求分析の作業段階で議論をしている際に,発言された要求は,ビジネス要求なのか,ステークホルダー要求なのか,

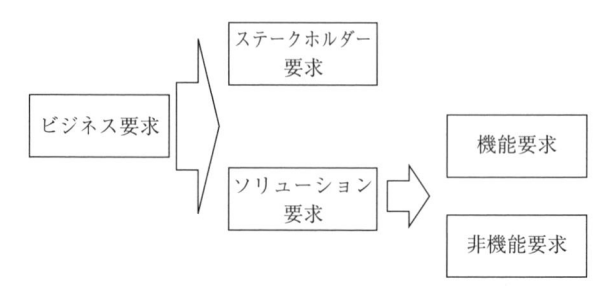

58   5. ソフトシステム方法論を用いた要求分析と UML

図 5.1 要求のレベル

ソリューション要求なのかを確認しながら進めるのがよいといえる。

つぎに，これらの分類に沿って，要求を体系的に整理する。体系化の目的は，さまざまな要求を整理することにより，ステークホルダーに対して，どのような課題があるのか，どのような解決策があるのかを示すためである。この体系化の手順であるが，一つの例として以下を紹介する。

（1） **要求の意味を確認する**：要求内容は明確になっているか，誤解のない表現になっているか，要求の背景は明確かなど。
（2） **要求をブレークダウンする**：一つの要求に複数の要求が紛れ込んでいないか，複数の要求に分割できないか，要求に漏れはないかなど。
（3） **要求を補足する**：ステークホルダーが理解しやすいように，図が必要かなど。
（4） **要求間の関係を発見する**：要求をグループ化できないか，要求間に親子関係などはないか，要求間に対立関係はないかなど。

以上のプロセスを通して，要求を整理する。

5.3 要求モデル

前節で述べたように，要求を具体化し整理する要求分析段階では，ステークホルダーに何が課題なのか，またどのような解決策があるのかといった意思疎通を図ることが目的であった。特に，要求を詳細にブレークダウンした段階

5.3 要求モデル

（前節の体系化の手順の（2））では，実際にブレークダウンした人達は何が要求なのかを理解しているが，ほかのステークホルダーには理解困難な場合や，思い違いで理解してしまう場合がある。そのため，ブレークダウンした要求を文章だけで表現するのではなく，ステークホルダーの理解を助けるためにも図などで要求を補足する必要がある（前節の体系化の手順の（3））。

本節では，このように補足された図などの要求モデルについて説明する。**図 5.2**に示すとおり，要求モデルはビュー，フォーカス，詳細のレベルの三つの観点から構成される。

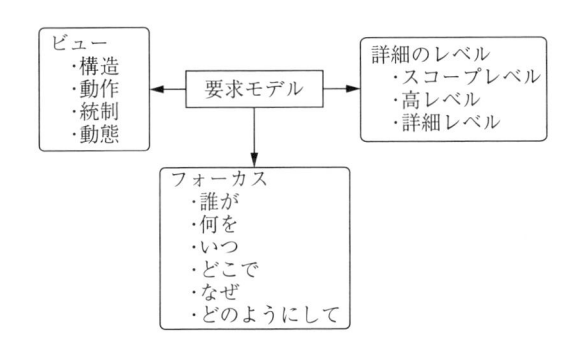

図 5.2 要求モデルの構成[15]

ビューは，さらに構造，動作，統制，動態の四つのカテゴリに分類できる。構造の視点から見た要求モデルは，部品とその関連を表す。データ構造などを図示する場合に有効である。動作から見た要求モデルは，プロセスやタスク，シーケンスなどを扱うのが有効であり，ユースケース（5.4節で述べる）などを利用する。統制から見た要求モデルは，ほかのビューへのガイドとなる意思決定やポリシーを表す。この場合はデシジョンツリーなどの技法が有効である。動態から見た要求モデルは，時間の経過に伴う事象の変化を表す。そのため，イベントテーブルや状態遷移図などの技法が有効である。これらのビューは，どれを利用するというのが決まっているわけではないので，該当する要求に適したモデルを選定するのが重要である。そのためには，十分に問題を把握して，試行錯誤しながら，最適なビューを求めていくということになる。

つぎに，フォーカスにより，要求を表現していく。要求をより深く理解し，

表現するためには，5W1Hを利用する．「誰が」というフォーカスから，アクターマップや利害関係者分類などが表現可能となる．「何を」というフォーカスから，コンテキストダイアグラムや用語集が要求を補足するものとして有効となる．つぎに「いつ」というフォーカスから，イベントテーブルや状態遷移図が利用される．「どこで」というフォーカスからは，ロケーションを図示する表現が有効となる．「なぜ」というフォーカスからは，ビジネスポリシーやデシジョンツリーなどが有効である．最後に，「どのようにして」というフォーカスから，プロセスマップやユースケースが有効と考えられる．

最後に，詳細のレベルにより，要求を表現していく．記述内容の詳細さによって，スコープレベル，高レベル，詳細レベルに区分する．スコープレベルでは，要求の背景を理解することを目的とする．高レベルでは，全体的な流れを把握できるように記述する．詳細レベルでは，多くの要素やステップを含めて記述することを目的とする．

要求モデルは，以上の三つの観点を組み合わせて組み立てる方法であることを紹介したが，これは一度組み立てたら終わりというものではなく，ステークホルダーとの間で，納得のいくまで何度か繰り返す必要がある．この要求モデルの構築から管理までは，一般に要求工学として体系化の検討が進められている．すなわち，最初に，ステークホルダーの要求は何なのかという「要求抽出」の段階から，異なるステークホルダー間の要求の競合を解決し，システム化の範囲を決める「要求分析」，合意された要求を文書化する「要求仕様化」，継続的に発生する要求に対して，内容変更などを管理する「要求管理」といった一連の要求のライフサイクルを体系的に扱う方法が文献［16］，［17］に紹介されている．システム開発の上流工程である要求検討段階で参考になるので，一読を勧める．

5.4 ユースケースとUML

本節では，要求モデルとしてよく利用される**ユースケース**とその実際の表現

方法としての UML という語について説明する。

　システム開発においては，ステークホルダーの要求を，分析を通してシステムで実現する要求に絞り込む。そうすることにより，システムが何をするものかが見えてくる。この要求モデルがユースケースである。ユースケースでは，システム利用者の視点から，システムが何をするのか，すなわち，システムの有する機能を表現する[18],[19]。また，ユースケースは，「システムがどのように動作しているか」を表現するのではなく，「システムが誰にどのように利用されるか」を表現したものである。これを図示したユースケース図を作成することで情報システムのフレームワークを把握することができるため，開発に要する工数や費用を見積もる材料にすることもできる。

　ユースケース図の基本は，システムを利用することにより何らかの目的を達成する「アクター」と，アクターが利用する機能やサービスの「ユースケース」により表現される。図 5.3 にポイント管理システムのユースケース図例を示す。ここでは，会員はカードを保有しており，カードを利用して商品を購入するたびにポイントが貯まるサービスを想定する。会員のポイントを管理するシステムであるが，まずは，このシステムを利用する「アクター」は，会員

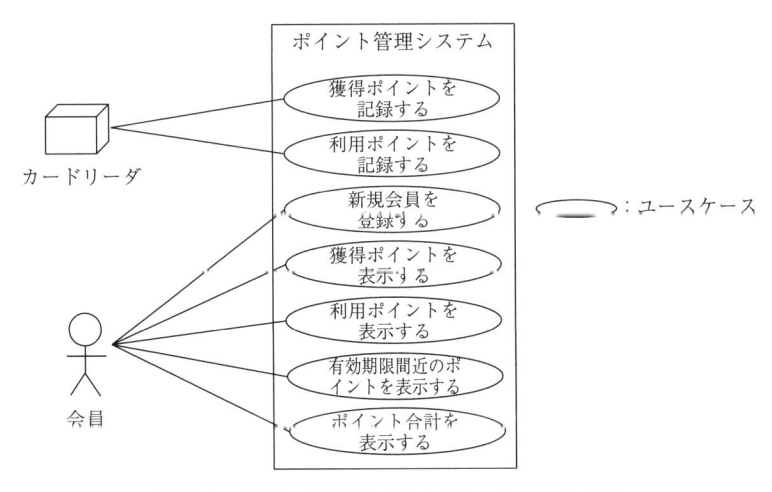

図 5.3　ポイント管理システムのユースケース図例

と購入時にカードにより会員を認識し，自動でシステムへポイント情報を送り込むカードリーダが対応する．そして，ポイント管理システムはどのようなことができるか（どのような機能を有しているか）をユースケースにより示している．例えば，カードリーダが利用する機能として，「獲得ポイントを記録する」や「利用ポイントを記録する」が挙げられる．会員が利用する機能として，「獲得ポイントを表示する」や「有効期限間近のポイントを表示する」などが挙げられる．この例を見てわかるとおり，特にユースケースの表現は描く人に依存している．そこで，ユースケース図を描く際の留意点として，以下が挙げられる．

① ユースケースは，アクターの行為が対応していなければならない．例えば，ポイントは購入すれば増え，そのポイントを別のものに還元すれば減る．そのため，現在何ポイント残っているのかを知りたい場合もあれば，これまでどのくらいのポイントを貯めてきて，どのくらい還元してきたかを知りたい場合もある．また，このようにアクターは意識していない場合もある．ユースケースは簡潔に，「ポイント合計を表示する」という機能で表現することができ，ステークホルダーとの話し合いを通して，より洗練されていく．

② 要求の目的を明らかにしなければならない．図5.3の場合でいえば，そもそもなぜポイントを管理しなければならないのかということを把握し，ユースケースを作成していくことである．余計なユースケースを入れないことが得策である．そのため，ユースケース表現の粒度を考慮する．

③ ユースケースの表現としては，動詞「〜する」という表現にし，「〜によって」といった実現手段は表現しない．

以上述べたユースケース図にシステムの静的な構造を表すクラス図，コンポーネント図など，動的なつながりを表すアクティビティ図，ステートマシン図，シーケンス図などを合わせて構築することにより，システム設計書ができ上がる．これらは，**UML**という言語で表現可能で，すでにツールとしても普及している．UMLはUnified Modeling Languageの略で，オブジェクト指向の

	構造的側面のモデル	動作的側面のモデル	
		ユースケース図	要求分析工程
	クラス図 オブジェクト図	アクティビティ図 ステートマシン図 コミュニケーション図 シーケンス図	設計工程
	コンポーネント図		実装工程

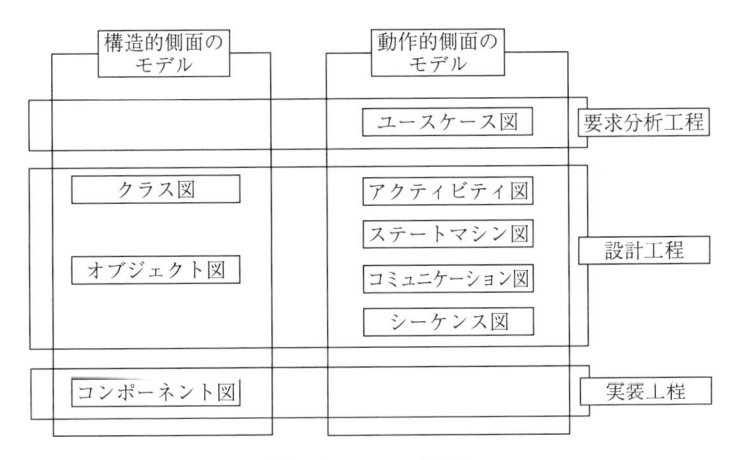

図 5.4 UML の体系化

開発プロセス全体において適用できる図式化された標準言語である．**図 5.4** では，おのおののモデル（クラス図，コンポーネント図など）がどの位置づけにあるかを，文献 [20] を参考に分類した．また，これらの各モデルの詳細については，文献 [21] などを参照されたい．

5.5 要求分析の実際

本章では，システムの要求分析を実施するに際して，ソフトシステム方法論を利用し，具体的に要求モデルを作成するまでの流れを説明してきた．ここでは，例 5.1 を用いて，実際にどのように利用するか，典型的な利用方法を紹介する．ここで注意してほしいのは，本節で示す方法が最適なものではなく，あくまでも試行錯誤を続けながら，要求分析方法や要求モデルを改良していく姿勢が必要ということである．したがって，これだけ実施していればよいというものではないので，気をつけてほしい．

【例 5.1：A 大学の研究用物品管理の例】　A 大学は総合大学であり，各教員が運営する研究室の数は 2 000 程度存在する．各研究室単位で研究用物品（ハード，ソフト）を購入している．この A 大学では，年に一度，大学全体で

64　5. ソフトシステム方法論を用いた要求分析と UML

ハード，ソフト両方の物品調査を行っている。これは，各研究室に依頼して，現存物品を確認し，廃棄するものは廃棄を促し，ソフトウェアについては，きちんとライセンス管理がなされているかを確認するためである。特に理学，工学系の研究室では購入物品数も膨大な数にのぼることや，実際に利用する学生が研究室に慣れたと思った段階で卒業となることにより，各物品がどこにあるのか，どの PC にインストールしたソフトがバージョンアップされているのかといった状況を把握するのに，膨大な稼働を要するといった意見が出ている。また，研究室に配布されてくる物品リストは更新されているものもあれば，最近購入した物品は記載されていないものもあり，それをチェックするだけでも大変な労力を要する。大学の情報システム課では，こういった要望に応えるべく次年度は物品管理システムを開発しようと計画している状況を想定する。

【考え方】　システムに対する要求を明確にするのが本節の目的である。まず，例 5.1 の文章をそのまま受け止め，どの部分が要求部分かを把握する。そうすると，「物品調査に膨大な稼働を要する」というのがもともとの問題点なので，「物品調査の稼働負担を軽減する」というのが要求だとわかる。これをユースケース図で表現すると図 5.5 のとおりとなり，システム構造としては，かなりシンプルな印象を受けるため，システム構築を外注する際には，非常に安価に構築でき，かつ短期間に完成するのではないかと期待できる。もちろん，要求分析では，「何を」システムで実現するかの機能要求を明らかにするだけであり，「どのようにして」実現するかは，つぎの段階なので，検討が詳細化されれば，システムもそれなりの規模になるが，少なくともこの段階では，そういった印象は生じない。はたしてそうだろうか。

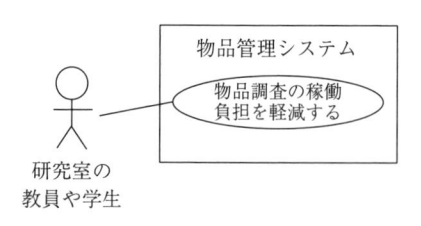

図 5.5　ユースケース図（表層的な検討例）

まず現状を正確に把握するため，リッチピクチャを用いた例を図 5.6 に示す。研究室では年に一度物品調査が行われるが，ハードウェアとソフトウェアの依頼部署が異なることがわかる。ハードウェアは会計課より，ソフトウェアは情報システム課より依頼があり，おのおのに対して回答を返さなければならない。その際に，配

5.5 要求分析の実際

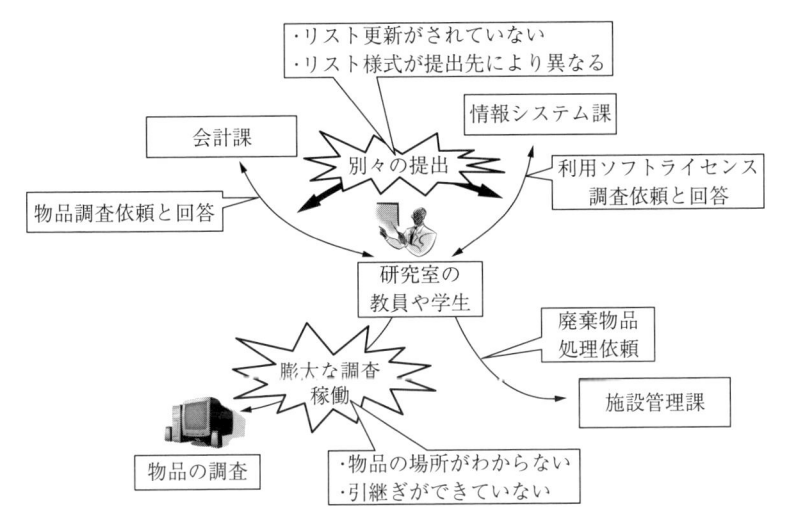

図5.6 リッチピクチャを用いた例

布リストの更新が正確になされていない部分をチェックし，誤りを訂正しなければいけなく，かつそれぞれの部署への提出書類様式が異なるため，その確認の手間が大きいということがわかる．また，配布されたリストをもとに，物品を調査するには，膨大な作業が必要である．ここでは，さらに調べてみると，物品を利用した学生が卒業してしまいつぎの学生への引継ぎが十分に行われていないPCなどでは増設メモリなどPC内部に物品を格納する場合があり，外部からは見えない場合が多く，物品が見つからないといった問題があることがわかる．その後，廃棄物品がある場合は，施設管理課に連絡をして，廃棄処理を実施するという全体のつながり状況が見えてくる．

つぎに，あるべき姿を求めるため，目的軸，立場軸，空間軸，時間軸より，具体化していく．まず，何のためのシステムか（目的軸）については，物品管理稼働を削減することであり，誰のためのシステムか（立場軸）については，リッチピクチャより，研究室の教員や学生だけでなく，会計課，情報システム課，施設管理課の担当者も関連することがわかる．また，周辺状況をどこまで考えるか（空間軸）では，学内の利用にとどまらず，公的に提出する会計報告書の処理までをサポートすることも考慮するのか，さらにシステムをいつまで利用するのか（時間軸）については，大学内の学部編成の改革などに伴い，その時点でシステムを更改するのかどうかなどである．

以上の事柄より基本定義を構築する．「物品を適正に管理し，大学の健全な運営を

維持していくために（Z）」，「物品の場所を把握し，統一帳票リストを利用することによって（Y）」，「物品の調査，書類提出作業の負担を軽減する（X）」システムといった具合に表現できる。CATWOE 分析を行い，C および A は研究室の教員・学生および会計課・情報システム課・施設管理課の担当者である。T は管理されていない物品を管理された物品に，あるいは計画された作業量を実施された作業量に変換する。W は大学自体がよい評判を得るには，不正なども含めたずさんな管理をしないことが大切であるという世界観である。O は大学，E は物品の管理といったものが考えらえる。以上のように得られた基本定義を関与者間で何回も議論をして，合意するまで，基本定義を見直していく。

　つぎに変換プロセスを具体化する活動を，概念モデルを利用して作成する（図5.7）。記述された行為の中には，現実に実施しているものもあれば，そうでないものもある。そこで，とるべき行為とそれに相当する現実の行為とを対比して，実施レベルと，実施するとしたらどのレベルを目標にするかを合意していく。ここでは，物品の場所を誰でもわかるようにする仕組みのレベルとして，入力する物品情報の整理と物品購入時にバーコードを貼り，バーコードリーダとシステムを連動させることにより，物品確認作業を人が目視するのではなく，システムが実施すると

1. 物品を適正に管理し，大学の健全な運営を維持していくとはどういうことかを検討する
2. 物品の調査，書類提出作業の負担を軽減するとはどういうことかを検討する
3. 物品の場所を把握し，統一帳票リストを利用するとはどういうことかを検討する
4. 物品の場所を把握し，統一帳票リストを利用するにはどうしたらよいかを考える
5. 物品の場所が誰でもわかり，わかりやすい帳票様式を作成する
6. 物品の場所が誰でもわかり，わかりやすい仕組みと具体的な帳票様式を顧客に提案する
7. 物品の調査，書類提出作業の負担を軽減する
8. 物品の場所が誰でもわかり，わかりやすい仕組みと具体的な帳票様式が提案されたかをモニタする

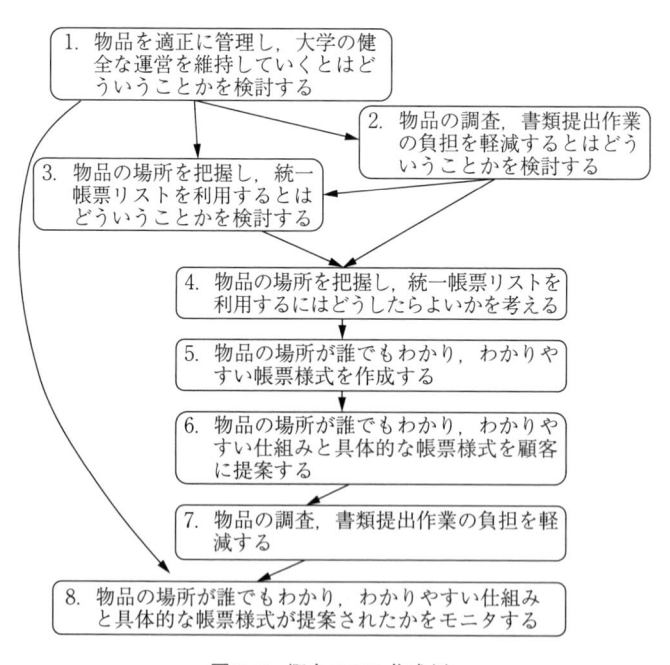

図5.7　概念モデル作成例

いう方法で合意したとする。また提出帳票も入力者（研究室の教員や学生）からは提出先が異なってもまったく同じ帳票を見ることができ，出力者（会計課・情報システム課・施設管理課）では，それぞれの目的に応じた帳票に変換する，すなわち必要な項目を抽出しておのおのの様式に変換する仕組みを実現することで合意したとする。そのとき，システムへの要求をユースケース図としてまとめると，図5.8のようになる。

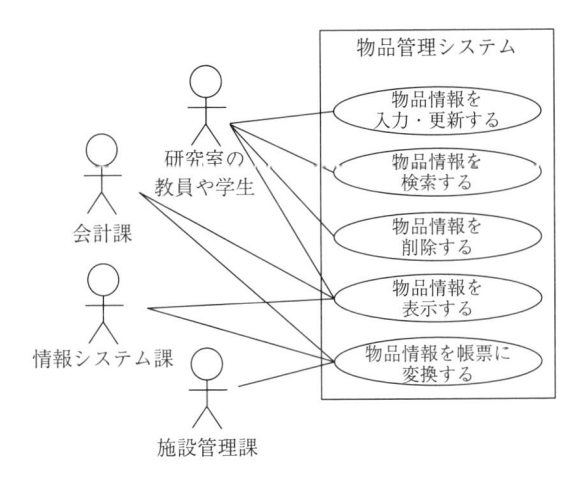

図5.8　ユースケース図（熟考した例）

◇

☆ 演 習 問 題 ☆

大学の講義において，教員から学生への片方向だけでなく両方向のやりとりを充実させる支援環境として，講義支援システムを開発したい。これまでの方法を利用して，講義支援システムの要求分析を実施せよ。

6 システム思考で基本となるシステム概念

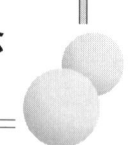

6.1 システム概念とは

　本章以降では，システムに着目して，システムがどのような特徴を有するものなのかを紐解いていく。

　日常の生活でもさまざまな問題に直面するが，それらの問題は非常に複雑な挙動をとる。そこで対象物をシステムとして捉え，解決策を導きだすという訓練が必要となる。まずは，対象をシステムとして認識し，把握するのに必要な基本的考え方，いわゆるシステム概念について説明する。システムの定義について共通的にいえることは，個々の構成要素から構成されていること，システム内の構成要素は自分以外の構成要素に対して何らかの影響を及ぼすこと，空間軸だけでなく時間軸に沿っても変化していくことである。特に，システムの動作に着目すると，その動作が空間軸や時間軸に対して一意に決定される**決定論的システム**と，その動作が確率的な要因に影響されて，空間軸や時間軸に対して一意に定まらない**非決定論的システム**に分類される。

　これらの事柄を注意深く見ていくと，2.6節において説明したように，システムの基本的な特徴である創発性，階層性，コミュニケーション，自律分散が生じる。次節以降，要素間の関係の視点，目的を明示する視点，表現方法の視点，ボトルネックに着目した視点からシステム概念（捉え方）を説明していく。

6.2 関係を見る考え方

　本節では，システムを構成要素間の関係から捉える考え方を説明する。すな

わち，実体や対象を構成している要素間の関係に着目するシステムである。例えば，図1.3（b）で取り上げた構成要素として炭素（C）について考える。炭素は分子の結合構造により，ダイヤモンドや炭になる。この要素としての炭素の関係を考えると，ダイヤモンドは硬く，輝きがある一方で，炭はもろくて燃えやすい。ダイヤモンドや炭を炭素分子からなるシステムとして考えると，要素の実体は同じであっても，システムの性質が異なる。このように，システムを構成する一つひとつの要素は同じでも，全体の性質が異なることがよくあるので，われわれはこの要素間の関係に注意しなければならない。このような構成要素の関係からシステムを見る身近な例はたくさんある。小さいときにレゴで遊んだ人も少なくないと思う。レゴは基本的な形が数種類あって，それを組み合わせることにより，家になったり，自動車になったり，飛行機になったりする。同じ構成要素（レゴ）でも，でき上がった作品はまったく違うものとなるのも外面的に理解することができるシステムの特徴である。また，24人がグラウンドで競技を考えたとき，半分ずつに分かれれば2チームでき，綱引きができる。一方，4人ずつに分ければ6チームでき，騎馬戦ができる。このように，構成要素は人間で全体の人数をどのように分けるかで，遊び方が変わってくるものも外面的に理解できるシステムの特徴といえる。

工学的観点から，複数の装置によって構成されるシステムの信頼度（稼働率）を考えてみる。**図6.1**に示すように，稼働率がそれぞれR_1とR_2の装置があり，直列と並列で構成される二つのシステムがあるとする。それぞれのシステムの稼働率は，以下の式で表せる。

直列接続システムの稼働率 $= R_1 \times R_2$

（a）直列接続システム　　（b）並列接続システム

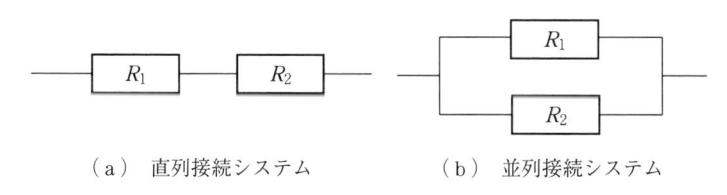

図6.1 システム信頼度の例

並列接続システムの稼働率 $= 1 - (1-R_1)(1-R_2)$

得られた式からもわかるとおり，たとえ使用している装置が同じものでも，そのつながり方によって，二つのシステムの稼働率は異なる。計算すればわかるが，並列システムのほうが稼働率は高い。

以上のように，要素間の関係（どのようにつながっているのか）を見て，関係により生み出されるシステム全体の性質を把握する全体性が重要となる。

6.3 目的を見極める考え方

システムは構成要素との関係により，特定の機能を有する。システムが有する機能とは，その本質を突き詰めると，どのような機能を持たなければならないかといった問いから発せられている。言い換えれば，何を解決したいのかという観点，すなわちシステムの目的の観点から捉えていく必要があると考えることができる。したがって，システムの目的を定めることは，システムに対する認識の関心度合いを明示する。

例えば，「大学」は目的を明示することで，システムとして，どのように認識できるかを考える。表 6.1 に目的と認識関心により生じる機能の関係をまとめた。多くの場合，大学といわれたときのイメージは，学生が講義を受けて，専門的な学問を学ぶところであると考えられる。その場合，大学から見て目的は，学生に専門教育を提供することであるといえる。これは，大学というシステムを教育的な観点から認識することになり，大学システムは専門教育提

表 6.1　目的と認識関心により生じる機能の関係（「大学」の例）

目　的	認識関心	機　能
学生に専門教育を提供する	教育的観点	専門教育提供機能
先端の学術研究を推進する	研究的観点	学術研究推進機能
学生の就職活動をサポートする	就職的観点	就職支援機能
地域貢献活動を実施する	公共的観点	地域貢献機能
防災拠点設備を提供する	防災的観点	防災対策機能

供機能を充足すると考えられる。

　近年，自然科学の分野でわが国もノーベル賞を多く受賞しているが，その多くは大学教員である。これは，大学自体が，さまざまな分野において先端学術研究を行うことが目的だからと考えられる。すなわち，先端の学術研究を推進する観点から大学システムを認識することになり，学術研究推進機能を充足する。

　昨今の就職事情は厳しいものがある。こういった状況では，大学で学生達が何を学んできたか，それは学問だけに限らず，大学生活全般を通して得られた知識や経験を活用して，就職をより有利に進めたいという学生の思いがある。このような事実から考えると，大学の目的として学生の就職活動をサポートすることが挙げられる。これは，就職を支援する観点から大学システムを認識することになる。したがって，就職支援機能を充足する。

　一方，大学は公開講座やセミナーなどを一般市民向けに実施するなどの試みが盛んに行われている。また，町などと連携した地域活性化，さらには自治体も巻き込んでの環境保護などさまざまな取組みを行っている。これは，大学が地域貢献をすることが目的であるという立場に立っている。すなわち，公共的な観点から大学を認識することになり，地域貢献機能を充足する。

　さらに，東日本大震災では，首都圏においては大量の帰宅難民が発生した。これらの人々は休憩する場所を求める必要があり，多くの大学でその場所を提供した。これらの事実からエリアに点在する大学を防災拠点として整備する目的を大学が持つという考えもある。この場合は，自然災害に対する防災の観点から大学システムを認識し，防災対策機能を充足することと理解できる。

　このように同じ対象物と考えていたもの（上記の例では「大学」）が，どういった目的を考えるかで，システムの認識が異なってくることが理解できる。

6.4　表現の考え方

　対象物がある目的の観点からシステムとして認識された段階は，まだ誰から見ても理解できるようにシステムが表現されてはいるとは限らない。この知的

6. システム思考で基本となるシステム概念

構築物としてのシステムを表現したモデルがシステムモデルである。このシステムをシステムモデルとして表現するためには，表現するための一種の言語や枠組みが必要となる。このシステムモデルを用いることにより，その対象物に関与している人達にとって共通の認識が生まれる。

システムモデルの役割を**図6.2**で説明する。まず，ある対象物は，関与者の認識関心に従って構成要素間の関係を認識する。これは，6.2節および6.3節で述べたことを利用することにより得られ，システムとして認識できる。このシステムに対して，表現の枠組みを考えることにより，システムモデルとして記述する。ここで記述されたシステムモデルは対象物の表現を与える。

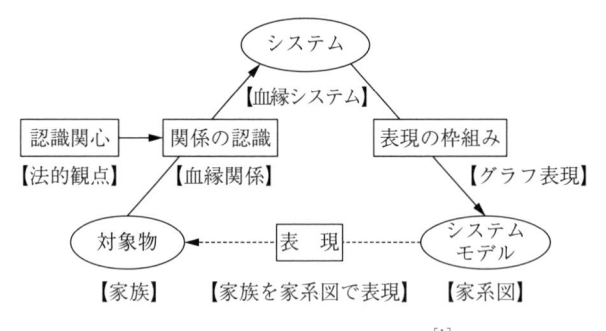

図6.2 システムモデルの役割[1]

この三つの要因間の関係を具体例により説明する。いま，「家族」を対象物として考える。法的な観点から（認識関心），1親等，2親等といった家族の血縁関係を認識する（関係の認識）。これはまさに，血縁システムを知的構築物として考えている。この段階では，血縁システムとして認識した人の内面的な概念物である。つぎに，これをほかの人が見たり聞いたりして理解できる表現の枠組みを構築する。ここでは，グラフという表現の枠組みを使って，血縁システムにおける関係を家系図として表現できる。表現された家系図が血縁システムのモデルであり，法的観点からのシステム表現となっている。

家族を別の観点から見た場合に，どのような表現になるか。いま，家族を経済的な観点から（認識関心），金の流れや家計の構造という関係を認識する

6.4 表現の考え方

（関係の認識）。これは家計システムという知的構築物を構築する。この家計システムに対して，表現の枠組みとして家計簿を使えば，家計システムを収支フローとして表現できる。収支フローは家計システムのモデルとなっており，家族の経済的観点からのシステム表現である。

ここで，対象物を表現するシステムモデルの役割について以下に述べる。

① システムの構造は，システムを構成する要素とその関係により成り立っている。構造を理解することによりシステムにおける関係が理解できる。システムモデルは，構成要素とその関係を明示し，システムの構造を明確にする。

② 数学的な枠組みを利用することで，システムモデルを曖昧性が極力ない形で表現可能となり，対象物に関するさまざまな考察が数学的な分析により可能となる。

③ プロジェクトとしてチームが検討を進める場合，対象をどのようにシステムとして認識しているかが関与者間で明確になっていないと，何が解決すべき問題かを共有することが困難である。そのためシステムモデルは，調整の場を与える役割を持っている（ソフトシステムアプローチ）。

④ 実際に考慮しなければいけない要因は多種多様である。そのときの目的に適したシステムモデルは，構成要素間の関係だけでなく，それらの関係を成立させている諸条件やシステムを左右する環境制約についても明確にする。

⑤ 現在の問題状況を把握し，理想的な状況（あるべき姿）を作り，比較することにより，解決すべき問題を明らかにし，解決案や改善案を作成，評価，実施するため，ソフトシステム方法論は必要不可欠な基礎となっている。

⑥ システムの構造を詳細に分析することにより，対象とするものだけでなく似たような構造を有するシステム（システムの同型性：6.7節で後述）への適用が可能となる。このようにして，さまざまな対象を一般化したシステムモデルで表現できる。

⑦ システムの同型性が示されると，同じシステムクラスに対して，同様な

議論を実施し，検討を進めることが可能となる。

以上述べたように，対象物をシステムモデルにより表現することの有効性が理解できる。

6.5 ボトルネックに着目する考え方

いったんシステムを作り上げたとき，その挙動を見ていくと，システムの動きが鈍ることがある。これはシステムの**ボトルネック**と呼ばれ，システム全体のパフォーマンスを下げるため，どう解決するかの対応が重要となる。情報通信分野では，輻輳という事象が発生する。もともと通信網で構築される設備は，サービス利用の迅速性とコストのトレードオフにより設計されている。通常ユーザが通信設備にアクセスする頻度を想定して設備量を準備しているため，例えば自然災害時の安否確認などの想定以上の頻度でユーザが通信設備にアクセスする事態になると，着信元の交換機やサーバがそれだけのアクセスをさばき切れず，処理能力が低下し，ボトルネックとなる。これがほかの交換機やサーバに連鎖して，最終的には通信網全体が麻痺してしまうという。したがって，システムを構築したときは，つねに，何がボトルネックとなり得るかに注意していくことが大切だ。実際に，ボトルネックをどう見ていくかを以下の例 6.1 により説明する。

【例 6.1：工場の効率配分の例】 いま，ある工場において，A と B の二つのプロセスがあるとする。それらのプロセスを直列に結合している作業工程システムを考える。このシステムにおいて，資源量 α が投入されたとき，A で 80％ が利用され，残りの 20％ は利用されないものとする。つぎに B では，A からの出力量に対して，その 40％ のみが利用される（**図 6.3**）。最終的には，システム全体としての投入量 α に対して，$0.32 \times \alpha$ の出力となる。すなわち投入量の 68％ はプロセス間に滞留（無駄になる）する。いま，制約として，20％分の効率を全体の各プロセスに配分して，システム全体の効率を上げることを考える。つぎの三つの方法（主義）を考えると全体の効率はそれぞれい

6.5 ボトルネックに着目する考え方

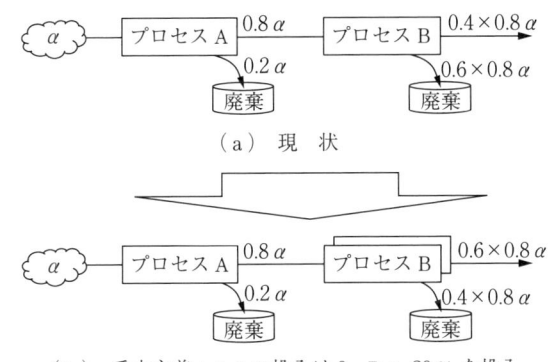

```
(a) 現状
α → プロセスA (0.8α) → プロセスB → 0.4×0.8α
        ↓ 0.2α         ↓ 0.6×0.8α
        廃棄            廃棄
```

```
(b) 重点主義：Aへの投入は0，Bへ20%を投入
α → プロセスA (0.8α) → プロセスB → 0.6×0.8α
        ↓ 0.2α         ↓ 0.4×0.8α
        廃棄            廃棄
```

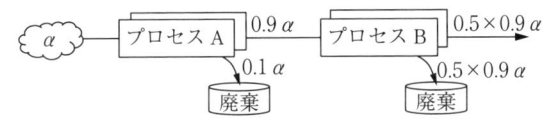

```
(c) 総花主義：Aへ10%，Bへ10%の投入
α → プロセスA (0.9α) → プロセスB → 0.5×0.9α
        ↓ 0.1α         ↓ 0.5×0.9α
        廃棄            廃棄
```

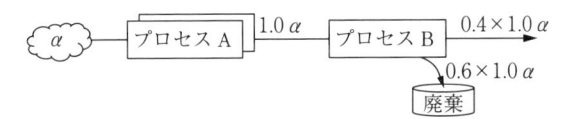

```
(d) 偏重主義：Aへ20%を投入，Bへの投入は0
α → プロセスA (1.0α) → プロセスB → 0.4×1.0α
                       ↓ 0.6×1.0α
                        廃棄
```

図 6.3 ボトルネックの例

くつになるか。また，どの方法がよいといえるかという問題を考える（図6.3）。

- 重点主義：Aへの投入は0，Bへ20%を投入
- 総花主義：Aへ10%，Bへ10%の投入
- 偏重主義：Aへ20%を投入，Bへの投入は0

【考え方】
重点主義での効率は
　　Aの効率＝0.8（現状のまま）
　　Bの効率＝0.4＋0.2＝0.6　　→　0.48（システム全体の効率）

総花主義での効率は
　　Aの効率＝0.8＋0.1＝0.9
　　Bの効率＝0.4＋0.1＝0.5　　→　0.45（システム全体の効率）

偏重主義での効率は
　　Aの効率＝0.8＋0.2＝1
　　Bの効率＝0.4（現状のまま）　→　0.4（システム全体の効率）

　以上の計算結果から，システム全体の効率を比較すると，重点主義でBに資源を投入するのが一番効率を向上させることがわかる。このように，どこがボトルネックかを見極めることがシステム全体を改善することにつながるということを認識しておく必要がある。　　　　　　　　　　　　　　　　　　　　　　　　　　◇

6.6　システムの構造（サブシステム）

　これまで説明してきた項目と同様に，システムに関するほかの基礎的な用語について説明しておく。ある対象物をシステムとして捉えるとき，現実を見ながらシステム化（概念化）を行うわけだが，システムが現実に忠実であればあるほど，そのシステムは正確である。しかし，つぎのステップでその挙動を分析しようとしたとき，あまりにも複雑すぎて，現実の対象物と変わりないので，分析困難といった場合がよくある。例えば，為替レートが変動するのは何が原因なのかを考える。円に対してドルが日々高くなったり，安くなったりと目まぐるしく変動しているが，このメカニズムを忠実に再現しようと思えば，どうするだろうか。国家単位での為替コントロールも一つの要因だろうし，機関投資家の売買の動きも大きな影響要因の一つである。さらにそれらの人間活動を生じさせる要因としては，ある国の市場不安であったり，天候不順による作物の不作といったさまざまな事柄が関与してくる。確かに，現実に忠実なモデルを作ろうと思えば，作ることは可能であるが，それをどのようにして分析していくのか，きわめて困難なことといえる。したがって，影響の小さい要因は無視するということになる。このように，システム化に際して，どのような観点を考慮してどのような観点を考慮しないかを明確にしていかなければならない。そこで，着目しているシステムを構成する関係としては認識されないようなシステムの外部のことをシステムの環境と呼ぶ。また，このような操作，すなわち，対象や状況からシステムを同定して，システムと環境を分離するこ

とを，環境設定という。

ただし，この環境は，時間とともに人の考え方や価値観が変化してくるに伴って，要因として新たに加えたほうがよいものや，システムへの影響が少ないのでシステムから外したほうがよい要因などが生じる。システムへの直接の影響はないが，考慮しておいたほうがよい要因などを環境との相互作用により構築するシステムを開システムといい，環境と相互作用のないシステムを閉システムという。一般に，システムが存続していくためには，開システムでなければならないことがわかる。

システム全体は各要素が複雑な関係にある状態であるが，それを紐解いていくと，システム内の要素がさらにシステムと認識できる単位（**サブシステム**）により構成されている。このサブシステムは，もとのシステムに対しては構成要素という性格を持ち，サブシステムを構成している各要素に対しては，全体性の顔を持っているという特徴がわかる。このようにサブシステムやシステムと認識できるためには，おのおのの間で境界が存在し，これがシステムの構造を表している（**図6.4**）。

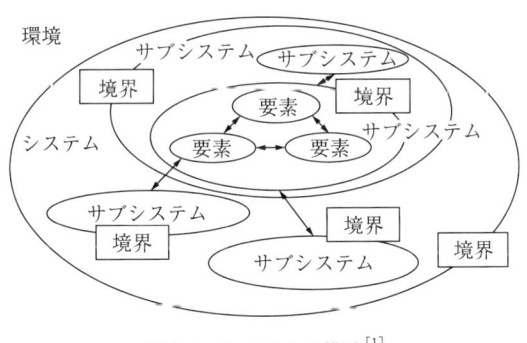

図 6.4 システムの構造[1]

6.7 システムの同型性

複雑なシステムを規定している関係を同定したもの（モデルで表現可能なも

の）をシステム構造という。このシステム構造は，システムの性質を生み出す源泉であり，モデルを構築するための基本的な概念といえる。異なる対象であっても，似たような挙動を示すことがあるが，これは，同じシステム構造をしているからと考えられる。そのため，システム構造を明らかにしていくことは大変重要なことである。

例えば，われわれは普段なにげなく自動車を運転している。自動車にも自動車メーカの違いや同じメーカでも車種の違いからさまざまな種類の自動車がある。自分がいつも運転している自動車は運転しやすい。しかし，他人の自動車を運転すると最初はとまどうが，しだいに慣れてくる。これは，A社の自動車は，アクセルを踏んで走り，ブレーキを踏んで止まるというシステム構造があり，A社の自動車のモデルが作成される。しかし，これはB社の自動車であっても同じ構造なので，A社の自動車だけのシステム構造ではなく，一般的な自動車のシステム構造として考えることができ，結果としてモデルも自動車一般に適用できる。これが**システムの同型性**である。このように，システムや系全体の挙動を支配している関係が同じであることをシステムの同型性と呼ぶ。

例6.2に，待ち行列を例にとり説明する。

【**例6.2：待ち行列を表すシステムの例**】 図6.5に示すように，あるシステム（系）があり，その系がいくつかのスペースを確保している（系内個数）とする。また，この系には，確率Pで何らかのものや情報が発生し，系を通過

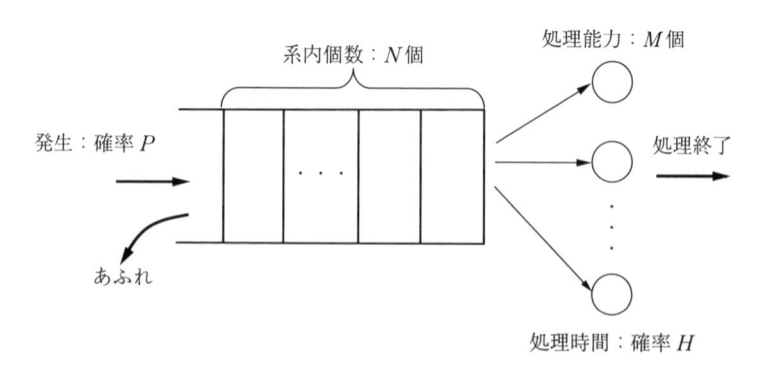

図6.5 待ち行列を表すシステムの例

した後に何らかの処理が施される。この処理をするノードの数を処理能力とする。また，それぞれのノードの処理能力には差があるので，処理時間を確率 H で表す。系内個数が N 個と有限なので，確率 P で系に入ってくるものや情報が多すぎると，入りきらずにあふれてしまうような状態も起こるシステムを考える。

【考え方】 これは一般的な待ち行列のモデルであるが，この待ち行列モデルが通信網を指しているとする。確率 P で発生するのはユーザからのネットワークへのアクセスという行為であり，系内個数 N は，通信網内にある交換機やルータといった装置のバッファである。バッファは処理しなければいけない情報をあらかじめ順番に貯めておく機能なので，貯めておける容量を超えると情報は「あふれ」の状態，すなわち廃棄される。いったんバッファに入ると，通信網内の交換機，ルータ，サーバなどで処理されていく。このときのそれぞれの個数が処理能力 M となり，処理時間が確率 H で与えられる。以上をまとめると，待ち行列というシステム構造は，まったく別の対象を同じモデルで表現できる（待ち行列モデル），システムの同型性を形成しているといえる（**表 6.2**）。

表 6.2 システムの同型性（待ち行列モデル）

	P	H	N	M
ファーストフード店	客の出入り	スタッフのサービス時間	行列の長さ	スタッフ数
通信網	ユーザのアクセス回数	通信機器の処理時間	通信機器のバッファ長	通信機器の台数
宅配便	受注荷物数	集配装置による荷物割り振り処理時間	集配所の広さなど	集配装置台数
高速道路の料金所	自動車の到着台数	料金支払い時間	待ち行列長	ゲート数

◇

☆ 演 習 問 題 ☆

【6.1】 図 6.6 に示す装置 A の信頼度を r_1，装置 B の信頼度を r_2 としたとき，システムの信頼度をそれぞれ求め，（a）と（b）の構成による違いを確かめよ。

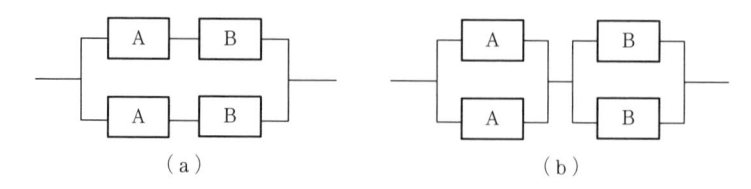

図 6.6 システム信頼度

【6.2】 対象物「鉄道」を二つの異なる認識観点から見たときのシステムとシステムモデルは何かを論じよ。

【6.3】 図 6.7 に示す A, B, C の三つの作業プロセスからなるシステムにおいて，α のリソースを A, B に半分ずつ投入し，プロセス A では投入量の 80 % が処理され，残りの 20 % は破棄されるものとする。同様に，プロセス B では 70 % が処理され，C では 50 % が処理されるものとする。いま，30 % の追加リソースを与えられた。どのように配分したらよいかを，重点主義（30 % をプロセス C に配分），総花主義（10 % ずつ各プロセスに配分），偏重主義（30 % をプロセス B に配分）の三つのパターンに分けて考えよ。

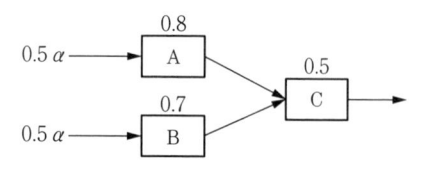

図 6.7 プロセスのボトルネック

【6.4】 高速道路と SNS（ソーシャルネットワーキングサービス）などの人的つながりは，システムの同型性が成り立つかをシステムモデルの観点から説明せよ。

7 システム構造の特徴

7.1 システム思考によるアプローチ例

　本章では，システムの本質を把握してシステムモデルを作成するための，つの方法として因果関係ループを用いたアプローチを紹介する。

　航行中に氷山を発見し，それを回避する場合を考える（**図7.1**）。見えている問題状況の部分だけを回避するのが一番安易な手段である。しかし，じつは海面から見えていない部分に突起があり，そのため船底がそれにぶつかって思わぬ故障の原因になりかねないという可能性もある。これは，われわれがこの氷山モデルと航行中の船の全体を見ているからそのように理解できるわけだが，実際に船に乗っているとそれに気づかない。私達が日常，一喜一憂している出来事は，まさに氷山の一角（問題状況）にすぎないといえる。

　具体例を用いて説明しよう。例えば，ある工場でねじなどの小さな部品を大

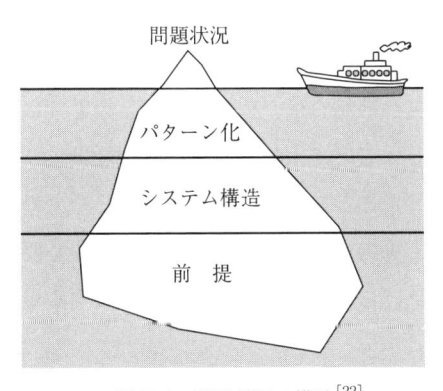

図7.1 問題状況の構造[22]

量に作っているとする。作成されたねじは，出荷前に検査されるが，この段階でいくつか不良品が発生すると想定する。見つかった不良品だけを取り除くのは，図7.1でいうと，氷山として見えている問題状況の部分を対処することに相当する。この場合，不良品が発生した際には，それを取り除くという行為をその都度実施しなければならない。不良品の割合が高いほど，膨大な稼働を必要とする。そこで，もう少しよく調べると，不良品が発生する割合は，一定であることに気づいたとしよう。それは，外部的な影響ではなく，何か内部的な要因があるのではないかと検討を掘り下げることにつながる。例えば，最終段階に入る前の工程で不良品が一定数発生していることを突き止めれば，作業工程のどこが悪いかを発見し，改善し，少なくともそのような事象で発生する不良品を抑えることができる。これは事象のパターン化を把握することに相当する。さらに，でき上がった部品だけでなく，担当者の作業工程を分析してみる。その結果，各作業工程をおのおのの担当者が分業して実施すると間違いが発生しやすい製造物であることがわかったとする。そのような場合には，一人が一つの部品の製造開始から完成までを担当する工程に変更する必要がある。これもなぜ不良品が発生するかという問題に対して，製造工程というシステム構造を解決することに相当する。それでは，安定的に不良品を 0.00001% 以下にできないかというように，さらに深く踏み込んでいく。これは，人間のミスが，そもそもどこから生じるかを突き詰めて考えていくことに相当する。これまで前提としていた範囲での問題の認識を改めて，前提から考え直してみるということである。不良品の場合は，作業ミスがどのように発生するのか，例えば，残業が恒常的に多いことで，無意識に注意が散漫になり，ミスを誘発している場合が多いといったことを分析できたとする。その場合は，労働時間の厳守といったルールを工場内で設けるなどが対策として必要となる。このように問題状況を深く掘り下げることにより，本質を解決する思考アプローチが必要である。

7.2 時系列変化パターン

　ここで，身近な問題を考えてみる。例えば，「原発事故後2年以上経過したのに，食物の放射能汚染がひどくなった」，「ユーロの価値が下がった」，「スマートフォンサービスに対する顧客からの苦情が多くなった」といった事象を取り上げる。これら「出来事」は多くの人の日常の関心事だが，はたして予測不可能な運で決まるのであろうか。システム思考の重要な特徴は，何がその問題状況を誘発した原因かを明らかにすることである。そのため，出来事をそのまま受け取る，すなわち単独事象として捉えるのではなく，時間の経過に伴うパターンとして捉えることである。時系列パターンには，必ずそれを引き起こすシステムの構造があることに注意しておくことが重要である。

　上記の「原発事故後2年以上経過したのに，食物の放射能汚染がひどくなった」については，放射能が大気中に拡散し，それが地中や海底に浸透し，そこで生活する生物が長い間に汚染されるといった事実を踏まえると，理由がわかる。したがって，われわれは長年にわたり監視を続けていくという行動をとることを決定する。「ユーロの価値が下がった」というのも，変動する場合には必ずその原因がある。例えば，ユーロ圏のある国の国内情勢が大きな影響となると，投資家は不安を感じ，ユーロを売りに出すといった行動である。また，「スマートフォンサービスに対する顧客からの苦情が多くなった」は，つながりにくいとか電源容量が少ないとか理由が必ずある。その理由を早く把握して対処すれば，そういった問題状況は拡大しない。

　また，物事がうまくいかないとき，われわれはもっと一生懸命にやろうとする。仕事であれば，残業時間を増やしたり，顧客への訪問回数を増やしたり，責任者を交代させたり，チームの配置を換えるといった対策である。しかし，いくらがんばっても，システム構造を変えない限り時系列パターンは変わらないと考えたほうがよい。自分にとって望ましい時系列パターンは何かを正確に目標を立てて，システム構造に働きかけることが重要となる。**図7.2**に示す

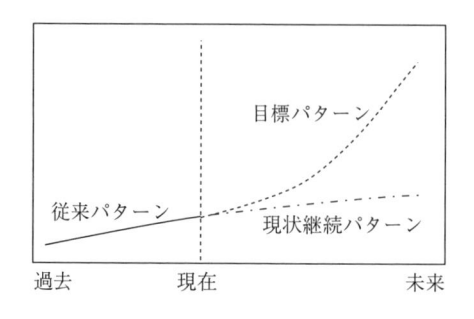

図7.2 時系列変化パターン[22]

とおり，過去から現在までの従来パターン，現在から未来に向けては，現状継続パターン，目標パターンの2種類を考慮し，解決していくのが重要となる[22]。縦軸は，売上高などの業績を想定すればよい。また，システムのつながりを辿って及ぶ影響はしばしば遅れを伴うので，時間軸は長めにとることがポイントでもある。

7.3 システム構造と因果関係

システム構造を分析していくと，そこには必ず**因果関係**が存在する。その因果の流れは，意識的にも無意識的にも「状況」→「認知」→「行動」である。例えば，買い物をしてレジで商品を購入する場面を想像する。ちょうど昼どきや夕方時では買い物客が多く，レジが混んで，待ち行列ができていることがある。レジで待っている人の数を見て，一番短い列のレジに並ぶという行動をとるであろう。これは，買い物を終え商品を購入するためレジに並ぼうとする（状況）と，レジで待っている人達の列を見て混雑していると認知する（認知）。そして，一番短い列に並ぼうとする（行動）というように，状況→認知→行動といった因果の流れを受けた行動をしていることがわかる。

このように，「行動」は「状況」を変化させ，変化した「状況」がさらに「行動」を変化させる循環構造が成り立っている。システム構造を理解するためには，この循環構造を理解する必要がある。この循環構造は，**フィードバックループ**（またはループ）と呼ばれている。

ある問題状況についての要素を洗い出す。洗い出した要素間を原因と結果の関係で結んでいく。結果の要素の量や度合いが増える場合，すなわち，二つの要素が同じ方向に動く場合，その関係に「同」と記す。一方，結果の要素の量や度合いが減る場合，すなわち，二つの要素が逆の方向に動く場合，その関係に「逆」と記す。

例えば，図7.3に示すように，気温という要素が上昇すると，喉が渇くという感覚は増す。そのため，気温と喉の渇きの関係は「同」と記す。つぎに，喉が渇くと，水分補給量も増えるので，関係は「同」となる。さらに，水分を補給すると喉の渇きが収まることから，関係は「逆」の動きを示す。喉の渇きを感じなくなるようになると，水分もそれほど補給しなくてもよいので，量は減る。そのため関係は「同」のままであり，水分補給量が減れば，体内の水分が多く消費され，補う量が不足するため，しだいに喉の渇きを感じる。そのため関係は「逆」のままである。この関係が循環して続いていくわけである。このように各要因間の動きを表したものがループ図である。

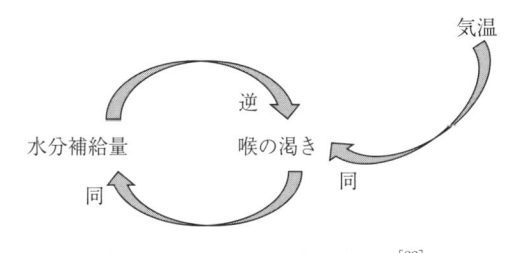

図7.3 システム構造と因果関係[22]

7.4 自己強化型・バランス型ループ

前節で述べたフィードバックループには，図7.4に示すとおり，**自己強化型ループ**と**バランス型ループ**の2種類が存在する。

自己強化型ループは，図（a）のとおり，Aという要素の量や度合いが増えたとき，それに伴い要素Bも増える。さらに，Bが増えると，要素Cも増え，

7. システム構造の特徴

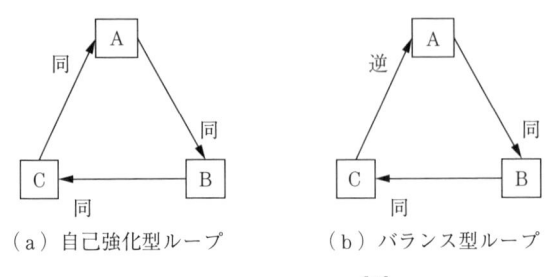

図7.4 2種類のループ[22]

(a) 自己強化型ループ　(b) バランス型ループ

その結果として要素Aも増えるという関係がある。いったん，量や度合いが増える方向に動き出すと，どんどん力を強めていく挙動を持つシステム構造であるといえる。逆に，量や度合いが減る方向に動き出すと，どんどん力を弱めていく挙動を持つということもわかる。

例えば，町の中でゴミ（要素A）が増えると，病気になる人（要素B）が増える。病気になる人が増えると，それが原因で亡くなる人（要素C）が増える。さらに亡くなる人が増えると，ゴミを片づける人が少なくなるので，ゴミがさらに増える。というように，どんどん悪い方向に進んでしまう例が自己強化型ループに相当する。

一方，バランス型ループは，図（b）のとおり，要素Aの量や度合いが増えると，それに伴い要素Bも増える。要素Bが増えると，要素Cも増える。要素Cの量や度合いが増えると，要素Aは逆に減る。要素Aが減ると，今度は要素BとCも減る。つぎの段階では，要素Aは逆に増えるというように，この流れを連続してみていると，増えたり減ったりする状態が続く挙動であることがわかる。

じつは，自己強化型ループで説明した例には，ちょっとしたトリック（前提）がある。それは，ゴミは毎回一定量発生し，ゴミを処理できる人間が無数にいるということを前提にしていた。しかし，これをあるエリア内の数万人に限定したとする。そうすると，町の中のゴミ（A）が増えると，病気になる人（B）が増え，それが原因で亡くなる人（C）が増える。亡くなる人が増えると，ゴミは増えない（なぜなら，ゴミは人間が出すものなので，人数が少

なくなれば，ゴミの量も減るという考えによる）。ゴミが減れば，病気になる人も減る。病気になる人が減れば，亡くなる人は減る。亡くなる人が減れば，ゴミが増える。というように，ゴミの量は増えたり減ったり，病気になる人や亡くなる人の数も増えたり減ったりする。

これら二つのループ挙動を持つシステム構造は，たくさん挙げられるが，上記の具体例でも述べたように，同じ要素であっても，前提をどのように決めるか（すなわち，境界はどこか）によって，自己強化型ループにもバランス型ループにもなるので，ループを作成して検討を進める際に留意しなければいけない点である。

7.5 システム思考で考える少子化問題

ここで，少子化を取り上げ，原因の追及をどのように行っていくのかを見ていく。少子化については，近年1世帯あたりの子供の数が2人を切り，話題に出る機会が増えており，世界的な問題としても取り上げられている。この少子化を表層的に見ると，まさに個々の世帯（世帯システム）で起こっている事象が，たまたま多くの世帯でも起こっている事象であるといえる。なぜ世帯システムでは子供の数が少なくなるのか。これを深く掘り下げ，ここではまず世帯の事情を考えてみると，それだけの人数を養っていけるかどうかが不安であること，また，子供が小さいうちは何かと手がかかるので，そういった時間や作業を支援してくれる環境があるかどうかといった不安が存在するためと考えられる。

つぎに，前者の不安は，まさにその世帯の家計（家計システム）に大きく依存する構造となり，家計が安定していれば生活が豊かになり計画的に出産を考えられるようになるが，家計が不安定ならば生活の豊かさは低くなり，とても出産を考えられない状況になる。それでは，この家計システムはなぜ不安定なのか。これは，一般的に，家計が企業での労働から得られる賃金をもとに成り立っていると考えられる。好景気であれば賃金も安定するが，不景気の場合は

賃金や雇用が不安定とならざるを得ない。そのように，家計システムは労働システムに大きく依存する形となる。この労働システムは，いわゆる人材の循環（世代交代）も必要であり，世帯システムにおいて少子化が進むと，その循環が滞り，企業の活性化が図れず，労働システムも停滞するという状況になる。

一方，後者の子供の面倒を見る世帯の時間や作業を支援してくれる環境への不安の観点では，社会保障システムによる，育児支援制度の提供などに大きく依存する。また，この社会保障システムは，政府（政府システム）が仕組みを検討すると考えると，どれくらい問題意識を持ってリソースを投入するかに大きく依存する。さらに，政府が検討を開始するためには，家計システムからの税金や労働システムからのさまざまなサービスの提供がリソースとして必要となる。

以上，はなはだ簡単ではあるが，このように少子化に対する要因分析を通じて，システム構造を明らかにしていくと**図7.5**のようなループ図ができ上がる。

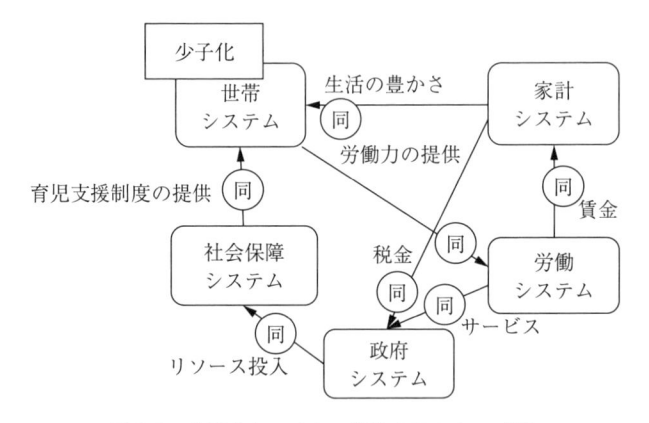

図7.5 少子化システムの構造を示すループ図

このループ図が，必ずしも正解ではなく，これを出発点として，関与する人々の間で議論を進め，より認識を共有できるループ図にしていく必要はある。ただし，このループ図の中で，少子化問題の恐ろしいところは，自己強化型ループがいくつも重なっていることである。

①　世の中が不景気になると企業経営が芳しくなくなり，労働システムが低下する。そうすると家計システムも低下する。
②　家計システムが低下すると，生活の余裕がなくなり，世帯システムが低下する。
③　世帯システムが低下すると，労働者のなり手が少なくなり，各種市場の生産性が低下し，さらに労働システムが低下する。
④　また，労働システムが低下すると，国家としての計画も立てにくくなり，政府システムも低下する。
⑤　政府システムが低下すると，思い切った政策がとれなくなり，社会保障システム改革も低下する。
⑥　社会保障システム改革が低下すると，育児が困難な世帯も増えるため，少子化がますます加速する。

いったん，何かの要因が動き出すと，加速度的に多くの要因が影響を受けていくことがわかる。このようにフィードバック分析は大変難しいが，これを行うことにより，本質が見えてくるので，つぎの検討に生かしていく必要がある。

7.6　システム構造の理解

前節で述べたようにシステム構造は，直感的にはわかりにくく，われわれの理解と対極的な位置にある場合もある。どのような問題状況も目の前に見えている対象だけを捉えて対処するのではなく，システム構造を深く掘り下げていくことが必要である。ここでは，そのシステム構造を理解するためのいくつかの知恵を紹介する。

（1）　ある問題を解決すると，別の問題が発生する

近年，花粉症は国民的な症状の代表例である。ニュースなどを見ても花粉情報として本日の飛散予報を流している映像をあたり前のように受け入れている。さて，この花粉症だが，どのような要因により増えたのだろうか。数十年前は，わが国も道路は未舗装な箇所が多く，あまり自動車も走っていなかっ

た。それが高度経済成長の時代を迎え，道路が整備されるとともに，自動車の保有台数も増えた。これら自動車からの排気ガスに含まれる微粒子や窒素酸化物などにより，長年われわれの体内に蓄積され，花粉アレルギー反応に対する閾値が下がり，結果として，アレルギー反応を増幅する影響が報告されている。特に，幹線道路沿いの住民の花粉症発生率が高いことがTVでも紹介されている。われわれが生活環境をよくするために，自動車を普及させた。その結果として，アレルギー反応に対する抵抗力が下がり花粉症問題を発生させることになるので，検討する際には，ほかの物事への影響をよく見極めなければいけないことがわかる。

（2） **レバレッジポイントは問題解決の有効手段**

問題状況を見て，解決策を考える際に，一見関係がなさそうな，効果があるとは思えないようなものが，有効な解決策だったりする。**レバレッジポイント**は，小さな力で大きなものを動かす，てこの作用点である。これは，すでに「割れ窓理論」として有名である。建物の窓が壊れているのを放置すると，誰も注意を払っていないという象徴になり，やがてほかの窓もまもなくすべて壊されるとの考え方で，逆に割れた窓をその都度修繕すると，誰かが見ているという効果が働いて，建物の窓を壊す行為が減少するというものである。これは，自己強化型ループになっている。何もしないと犯罪が増大してしまうが，レバレッジポイントを介入させることで，減少の自己強化型ループとなる。この割れ窓理論の成功例として，よく知られているのが，ニューヨーク市の取組みである。1980年代のニューヨークは強盗や殺人が日常発生する犯罪都市で，われわれも地下鉄には乗るなと注意されたものである。そのニューヨークにおいて，地下鉄の落書きを消すことや無賃乗車をなくすという取組みが，凶悪犯罪とは遠く効果がないように見えるが，これにより犯罪がみるみる減っていったという事実が，まさにこの割れ窓理論にあてはまる事例である。

（3） **問題状況はシステム構造が引き起こしている**

例えば，開発したシステムの試験工程でバグ取りをするわけであるが，いくら試験工程が進んでもなかなかバグが収束しないという状況がある。本来一つ

のバグを発見したならば，そのバグだけを対処するのではなく，どうしてそのバグが発生したのか，その理由がわかれば同様のバグはないかどうか，そのバグの解消によりほかへの影響はないかどうかといったように，システム構造を深く掘り下げていかなければならないということを意味している．

7.7　システムの力を利用する際の留意点

　これまで述べてきたループの考え方を利用すると，すなわちシステムの力を利用すると，物事がうまく運ぶように持っていくことが可能となる．例えば，営業成績を向上させるために顧客を増やしたい，会員数を増やしたい，売上を増やしたいといった事柄や，自己研鑽に関して，自分の英語力をアップしたい，自分のアイデアをたくさんの人に使ってもらいたいといった事柄は，自己強化型ループを構築して活用することにより，うまく物事が運ぶと想定される．一方，事故をゼロにしたい，工場製品の不良品をゼロにしたい，サービスに対する顧客からの苦情をゼロにしたい，世の中の貧困を減らしたいといった政策的なものも含めて，これらは，バランス型ループを構築して活用することにより，うまく物事が運ぶと想定される．

　ここで，いくら自己強化型ループやバランス型ループを進めたとしても，前提となる環境が自分の考えていた状況と異なる場合は，破たんすることもありうることに注意する必要がある．このようなパターンを**システム原型**と呼ぶ[22]．例えば，企業での先端研究を推進するため研究費をどんどん利用して成果をあげるという方針をたて，すべての研究者が自由に研究費を使い始める．しかし，研究費は有限なリソースなので，そのうちに底をつくことになるが，それを知らないままでいると，研究費が不足してやりたい研究ができなくなるといった場合である．これは，そもそも研究費が有限であるという前提を忘れてしまったシステム原型になっている．以下では，自己強化型ループを適用する場合のシステム原型のループ図例を，**図7.6**に二つ挙げる．

7. システム構造の特徴

(a) 成長の限界のシステム原型

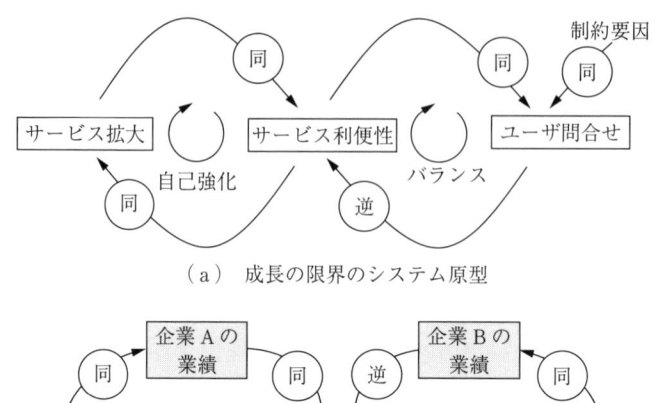

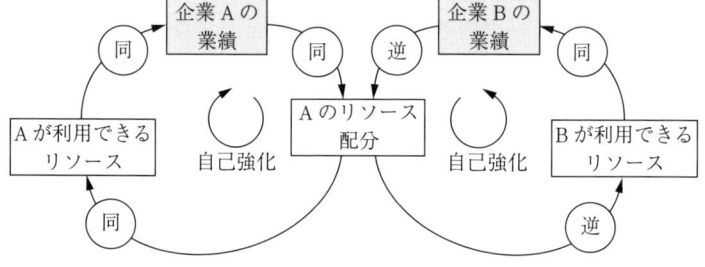

(b) 強者はますます強くなるシステム原型

図7.6 システム原型のループ図例[22]

（1） 成長の限界のシステム原型

例えば，ある通信サービスが開始され，SNSなどの効果により多くの人へ口コミが広がり，どんどん売れるようになる（サービス拡大によるサービス利便性の向上），自己強化型ループが存在したとする（図（a）左側のループに相当）。結果の状態（サービス利便性）はどんどん上向きになるが，サービスを運用するプロバイダのリソース（人）にも限りがあるので（これが制約要因となる），ユーザからさまざまな問合せがあると，さばききれない状態に陥る（成長のブレーキ）。そのため，ユーザへの対応が遅れ，サービスの利便性が低下するというバランス型のループが存在する（図（a）右側のループ）状況である。最初のうちは，左側の自己強化型ループが強いため，結果の状態はよい方向に進むが，しばらくすると，右側のバランス型ループが強くなり，結果の状態は悪い方向に進む。これは，アクセルを踏み込みながら，ブレーキを踏んでいる状態と同じである。このように自己強化型ループを構築して，そのとお

りに実施する場合に，その背後にどのようなループがあるかを見極める必要がある。ここでは，プロバイダのリソースが有限であるということに気がつくことがポイントとなる。

（2） 強者はますます強くなるシステム原型

例えば，企業Aは，あるプロジェクトを推進するため，Aが利用できるリソースを増やしたとする。当然企業Aの業績は向上するため，ほかの企業との競争という状況では，企業Aへのリソース配分が多くなる。リソース配分が多くなれば，よりよい結果を生むというますます業績が向上する自己強化型ループになっている。一方，企業Bも同じリソースを利用するプロジェクトを推進するために同様の自己強化型ループを考える。この際に，気をつけなければならないことは，A，Bともに同じリソースを利用するということである。そのため，どちらか一方にリソースを多く配分すると，他方は少なくなる。すなわち，同時にはプラスに作用する自己強化型ループは存在しないことになる。この図（b）の場合は，企業Aはますますリソースを蓄え栄えるようになると，リソースに限りがある場合には企業Bはだんだん貧困になると考えられる。自分が，どちらのループになるのかを冷静に判断していく必要があるといえる。

☆ 演 習 問 題 ☆

【7.1】 時系列変化パターンの現象は，しばしば遅れを伴って現れるが，そのような事象が発生する例を挙げよ。

【7.2】 7.4節で示した自己強化型ループの例を挙げよ。

【7.3】 7.4節で示したバランス型ループの例を挙げよ。

【7.4】 7.7節で示した「強者はますます強くなるシステム原型」の例を図7.6の項目に対応させる形で挙げよ。

8 システムの因果関係を表す システムダイナミクス

8.1 システムダイナミクスとは

　ループ図とともにシステムの因果関係を表すモデルとして，量を表す概念（ストックとフロー）を利用したシステムダイナミクスモデルを説明する。もとは企業の行動を分析するために検討されたモデル化手法である。そのため，ループ図と同様に，システム構造の特徴をシミュレーションにより把握し，大まかな振舞いを理解するのに適している。

　ここで，マクロ経済学における金融政策と財政政策を考える。マクロ経済学の目的は経済を発展させることであるが[23],[24]，一般に国民所得を増やすのに，金融政策と財政政策が必要となる。それでは，政府が財政政策をどんどん進めて需要を増やせばよいかというと，例えば公共事業投資などの景気刺激策といわれる行動はある程度必要であるが，それにより需要が増えれば利子率が上がることになり，それまで上向きだった消費が逆に冷え込んでしまう恐れがある。一方で，金融政策を進めてゼロ金利や量的緩和政策をどんどん進めると，長期的には物価が上がってしまう恐れがある。つまりそのバランスが重要なわけだが，そのためにはどのタイミングで，どの政策を，どの程度実行すると効果があるのかを検討する必要がある。このようにマクロ経済というのも，基本的には人間活動システムとしてモデル化されるシステムである。

　7章で説明した，少子化問題も同様である。図7.5で示したとおり，どのような原因が少子化を引き起こしているかを明らかにした。それはまた少子化がさらにどのような問題を引き起こすかを表している。すなわち，少子化が進むことにより将来の働き手が少なくなり，産業低下が生じることであり，その結

果企業収益が減少し税金などからなる国家予算が減り，年金問題やほかのさまざまな社会保障問題などに発展していくということである．これらの問題は，少子化という方向を1世帯で捉えると影響は小さいが，多くの世帯で同様のことが生じると，それが時間遅れで（数年や数十年の単位）影響を及ぼしてくるということである．これも人間活動システムとして考える必要がある事象である．

　それらの複雑なシステムをモデル表現したのが**システムダイナミクス**である．このモデルをもとに，シミュレーションにより，感度分析を実施していくのが望ましい検討方法である．

8.2　ストックとフローの定義

　7章で説明したループ図の特徴は，相互依存の関係やフィードバックプロセスの表現が比較的容易に表現可能であり，簡単に理解できるモデルを作成できる．一方で，システムの**ストック**や**フロー**といった，量的な構造を示せないという限界があることも知られている．ここで，ストックとは，システム内の蓄積であり，システムの状態を特徴づけ，意思決定や行動の基礎となる情報を生み出すもとである．また，プロセスへの流入と流出の差を蓄積することで遅れを生み出す要因でもある．

　例えば，ストックとしては，会社の倉庫にある製品（在庫品），企業に雇用されている人数，当座預金口座の残高などが相当する．このストックの特徴は，流入と流出によって変化することである．例えば企業の在庫は，生産というフローによって増え，出荷というフローによって減るといった具合である．労働力は，新卒採用人数によって増加し，退職や解雇によって減少する．預金残高は，預金すれば増加し，支払えば減少する．

　一般に，ストックとフローは**図8.1**に示すとおりの記号で表される[25]．すなわち，対象とするモデルの外側にある発生源である蓄積を供給源として，そのフローが流れていく先を吸収源として表現する．この供給源と吸収源は，無

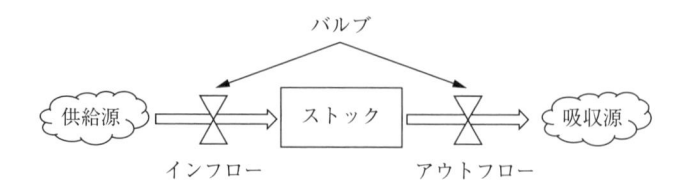

```
            バルブ
         ↙     ↘
  ┌───┐  ╳  ┌─────┐  ╳  ┌───┐
  │供給源│═▶│ストック│═▶│吸収源│
  └───┘     └─────┘     └───┘
       インフロー    アウトフロー
```

図8.1 ストックとフローの定義

限の容量を持つと仮定されている。ストックは供給源から流れて来たものを蓄積する機能であり，フローにはインフローとアウトフローがあるように，入る量と出る量を表している。また，バルブは，ストックに入ってくる量と出ていく量を調整する役割を果たす。さまざまな事象の変化の多くは，時間遅れを伴っており，それはストックの構造に依存している。そのため，システムダイナミクスに対するストックの寄与は以下のとおり説明できる[25]。

（1） **ストックはシステム状態を特徴づけ，行動の基礎となる**

複雑なシステム状態の中にあって，つぎにどのような行動をしなければいけないかを決定する状況のときに，ストックはその判断材料にある。例えば，自動車メーカが車を生産して倉庫にストックするが，それがどの程度出荷できるかは，ストックしている量を見て判断することが多いといった場合に対応している。

（2） **ストックはシステムに慣性と記憶を与える**

ストックは蓄積であるので，過去の出来事を蓄積している。あるホテルを利用した際に，接客の印象が大変悪く，もう二度と訪れたくないと思った人は，たとえそのホテルの接客がそれ以降に改善されても，利用しないということである。このように過去の出来事は記憶されていることを考慮する必要がある。

（3） **ストックは遅れを生み出す源である**

ストックは蓄積なので，アウトフロー（流出）がインフロー（流入）より遅れて生じることがある。この差がストックとして蓄積される。

（4） **ストックはインフローとアウトフローを切り離し，不均衡を作り出す**

ストックは遅れを生み出す源泉なので，流入と流出が異なることを可能にす

る。一般に流入＝流出であれば均衡状態となるが，不等号となれば不均衡な状態を生み出す。例えば，家計では通常，収入に対して支出はそれよりも小さく抑え，貯蓄にまわす。収入として世帯に流入したものは，ストックされて，一部しか流出していかない。ここでは貯蓄という目的があるわけだが，このように不均衡な状態を作るもとがストックである。

8.3 ストックとフローの区別

　数学，物理などの分野では，ストックは状態を表す指標，すなわち状態変数を指し，積分値として表現される。一方，フローはその変化を表し，微分値として表現される。化学では，ストックは反応体や反応生成物質を表し，フローは反応速度に対応する。医学，疫学では，有病者数が，その時点である特定の病気を持っている人数としてストックを表している。一方，罹患者数はある期間に病気を発症した人数をフローとして表す。このように，各分野では，それぞれ何がストックで，何がフローかをきちんと見分けなければならない。

　それでは，どの概念がストックで，どれがフローかをどのように見分けるか。ストックは物質などが蓄積した量であり，システムの状態であると定義できる。フローはそのようなシステムの状態が変化する量である。これを測定単位の側面から見分ける方法を説明する。

　ストックとは，現時点での製品在庫量，雇用労働者数，口座の残高などの量を表し，フローとは，1週間の間に在庫に加わる製品数，1か月あたりの雇用者数，1日あたりの口座への入出金額などのストックにあわせて単位を時間あたりにしたものを表す。すなわち，ストックはスナップ写真のように，ある時刻での状態を表現していると考えられ，フローはビデオである時間連続で撮影した動画を表していると考えられる。

　以上のことをまとめ，ストックとフローの具体例を**図 8.2** に示す。図（a）は，世界の人口がストックとなり，それがどのようなインフロー，アウトフローにより変化するかを表している。ここで，インフローは1年あたりの出生

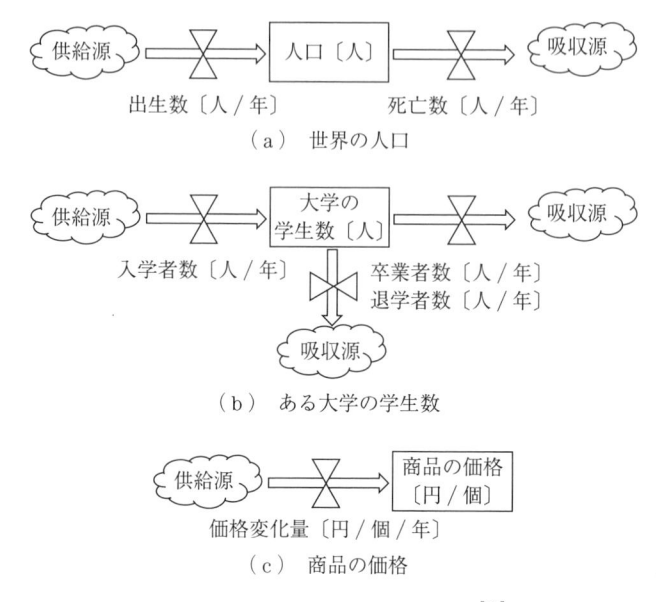

図 8.2 (a) 世界の人口:供給源→出生数〔人/年〕→人口〔人〕→死亡数〔人/年〕→吸収源

(b) ある大学の学生数:供給源→入学者数〔人/年〕→大学の学生数〔人〕→卒業者数〔人/年〕,退学者数〔人/年〕→吸収源

(c) 商品の価格:供給源→価格変化量〔円/個/年〕→商品の価格〔円/個〕

図 8.2 ストックとフローの具体例[25]

数,アウトフローは 1 年あたりの死亡数に対応している.図(b)は,ある大学の学生数を表したものである.そのときの学生数をストックとし,インフローである 1 年あたりの入学者数とアウトフローである卒業者数および退学者数により変化するというモデルである.図(c)は,インフローしかない例である.ストックとしてある商品の価格を考える.価格はそのシステムの状態を特徴づけるので,ストックと考えられる.一方フローは,商品が人気になったり廃れたりといった要因により,時間とともに価格が変動することから毎年の価格変化量が対応すると考えられる.

このようにいくつか,ストックとフローに単位を入れて描くと慣れてくる.

8.4 ストック・フロー図

ストックとフローを図に示すことにより,ストックの変化量が把握できるようになるが,どのような要因で,そういった変化が発生するのかを表し,挙動

全体がよくわかるようにするためには，補助変数を導入する．例えば，図8.2（b）で，大学の学生数というストックはどのような要因で変化するのかを考える．直接的には入学者数と卒業者数に依存するわけだが，その入学者数や卒業者数は何によって変化するのかということである．まず前半の入学者数の増減により大学の学生数が変化する部分を捉える．基本的に入学者数の定員（いわゆる上限）は決まっているが，昨今少子化により大学によっては入学者数が減少している場合もある．このような状況の中で，学生数が増えると，当然社会でも目立つ存在になる．社会においてよい印象を受けると，子供にとってはあこがれや目標となり，その大学に入学したいという人が増加する．もし悪い印象が広がると，その大学へ入学を希望する人は少なくなるという構造に対応している．後半の卒業者数の増減により学生数が変化する部分については，世の中の景気がよく，多くの企業が求人を実施している場合は，学生の企業選択の自由度は高くなり，卒業者数は多くなる（いわゆるバブル！）．一方，不況下では，なかなか求人がないため，学内にとどまったりする．その結果として，学生数が増減する．このようにループ図を補助変数としてストック・フロー図の中に挿入し，因果関係も把握できるようにする．

　ここで，注意しなければいけない点は，ストックはフローによってのみ変化するということである．学生が社会でよい印象を受ければ，子供にとってはあこがれや目標となるが，学生数が直接増えるのではなく，大学に入学しようとする人数が増え，その結果として学生数が増えるのである．景気がよくなると直接学生数が減るのではなく，卒業したい学生が増えるので，大学の学生数が減るのである．これを図8.3（a）に示す．

　一方，ストックが直接変化すると考えてしまうと（図（b）），特に卒業者数と学生数の関係では，好景気から求人募集が直接学生数に影響を及ぼすことになり，卒業者数は，好景気や求人募集とは関係ないところで変化していると解釈されてしまう．これらはすべてが関係しているので，ストックに直接影響を与えるループはなく，それはフローのみによって変化するという原則を知っておく必要がある．

入学者数〔人／年〕　　　卒業者数〔人／年〕

（a）　正しいストック・フロー図

入学者数〔人／年〕　　　卒業者数〔人／年〕

（b）　間違ったストック・フロー図

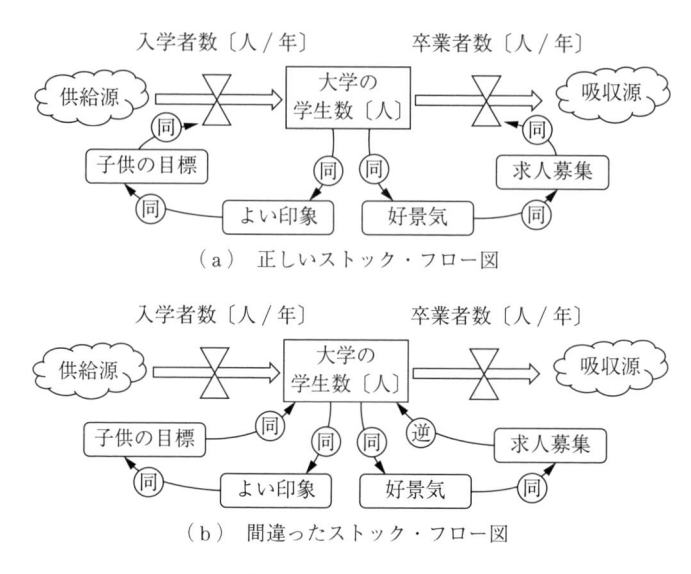

図8.3　ストック・フロー図

　以上をまとめると，どういった場合にストック・フロー図を利用し，どういった場合にループ図を利用するかが疑問として出てくると思う。本章の冒頭で述べたように，要素間の因果関係を見るならばループ図が，量の変化を見るならばストック・フロー図が望ましいのであるが，図8.3のように，ループ図とストック・フロー図を組み合わせるとより物事がわかりやすくなる場合もある。また，量を示すだけでなく，商品の流れなどを考えるとどうであろうか。例えば，自動車などは，部品から一気に製造するのではなく，いくつもの工程に分業して（エンジン組立て，シャーシなど），そこでできた商品の一歩手前の部品（仕掛品）をストックしておく。ある程度ストックできたならば，それらの仕掛品を組み合わせて，自動車を完成させる。これはストック・フロー図で描くと，完成までの流れを簡単に理解することができる。一方，ループ図で描くと，仕掛品や完成した製品の保存状態が把握しにくいといったデメリットもある。特に，遅れを考慮する必要がある場合は，ストック・フロー図を用いるのが望ましいといえる。

8.5 ストックとフローの関係

　本節では，数学的観点（いわゆる微分積分学の観点）から，再度ストックとフローの関係についてふれておく。ストックが不変であるとき，そのストックは**均衡状態**であるという。これは，総インフローと総アウトフローがちょうど均衡を保っている場合を意味する。そのため均衡状態にも，以下の二つの種類（静的な均衡状態と動的な均衡状態）があることがわかる。

静的な均衡状態：ストックに流れ込むすべてのインフローもストックから流れ出るすべてのアウトフローもゼロであり，その結果としてストック内の中身が変わっていない状態。

動的な均衡状態：総インフローと総アウトフローは，それぞれ同じ量が流れており，その差がゼロなので，ストックの中身は変わっているが，量には変化がない状態。

　動的な均衡状態は，例えば，浴槽に水が溜まっていて，そこに水道から一定量の水を入れながら，浴槽の栓を抜き，入る水の量と同じ量の水が出るように調節する。その場合，浴槽内の水はまったく変化が見られないが，中身は変わっている。一方，栓もきちんと閉めて，水の注入を止めたら，それ以上浴槽内の水の量に変化はなく，中の水も変わっていない。これが静的な均衡状態である。

　一般には，この総インフローと総アウトフローの差が，ストックを増加させたり，減少させたりする。システムにおいては，これらの状況を把握できるようにするため，ストックとフローの関連づけが必要となる。すなわち，あるストックにフローが流入するならば，そのストックの挙動がどうあらねばならないかをつねに考えなくてはならないということである。これを微分積分学の観点から説明する。**図8.4**（a）を用いて，積分値とストックの変化量の関係を説明する。この図に示すとおり，ストックの変化は，t_1 から t_2 へ時間が経過した後，フロー（単位時間あたりに流れ入る量もしくは流れ出る量）が蓄積さ

（a）積分値　　　　　　　　　（b）微分値

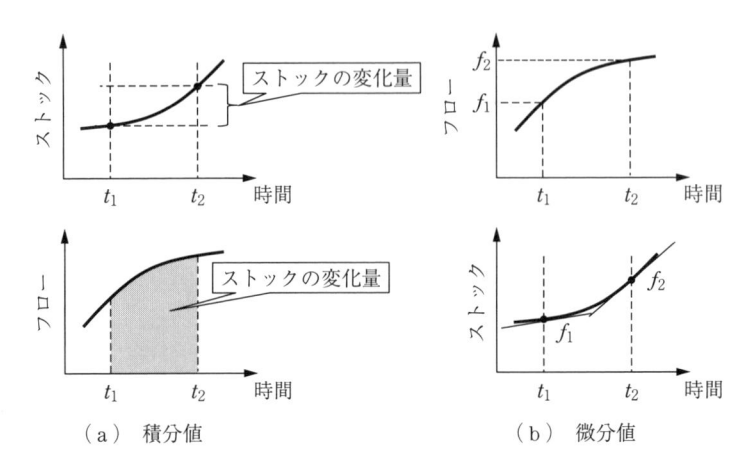

図 8.4　ストックとフローの関係

れたある期間の状態（総量）で表される。これは，フローの観点から見ると，フローの変化に伴い形成される曲線と時間軸 t_1 から t_2 の間の面積，すなわち積分値に相当することがわかる。したがって

　　ストックの変化量＝フローが変化した全体の面積（積分値）

となる。

　一方，図（b）に示すように，フローは，時間とともに変化する曲線となるが，これはストックの観点から見ると，ストックの量を変化させる要因となることから，ある時刻 t におけるストックの傾き（微分値）に相当する。したがって

　　フローの量＝ストックの傾き（微分値）

となる。

8.6　成長のダイナミクス

実際に企業や社会が発展していくためには，自己強化型ループをもとにした

システム構造が必要であるが，特にイノベーションの普及プロセスをストック・フロー図により説明していく。

新製品や新サービスの普及は，一般にS字型成長モデルとなるといわれている。これは**図8.5（a）**に示す**ロジスティック曲線**がそれである。すなわち，初期の時間ではあまり量がないが，時間とともに量が増える。あるときに増え方が増加し，さらにある時間を超えると増え方が減少し，なだらかな増加曲線となる挙動である。例えば，ある企業の新製品の市場投入を考えると，最初は新製品があまり知られていないので，売れる量は少ない。だんだん，それが口コミなどにより売れてくる。この口コミ効果は，良い評判が発生すれば，自己強化型ループとなって，どんどん評判が広がり，ある時期から急激に売れるようになる。その後，消費者数にも限りがあることから，ほとんどの人がその製品を持つようになると，まだ持っていない人しか購入しなくなるので，累積販売数は増えるが，その比率は減少する。そのうちに皆が製品を持つようになると，それ以上売れなくなるという状況を端的に表している。この挙動をストック・フロー図で描いたのが，図（b）である。供給源から毎年，潜在的

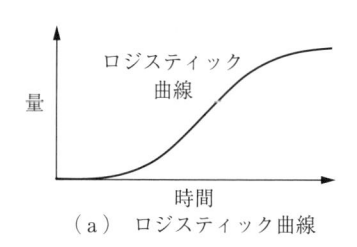

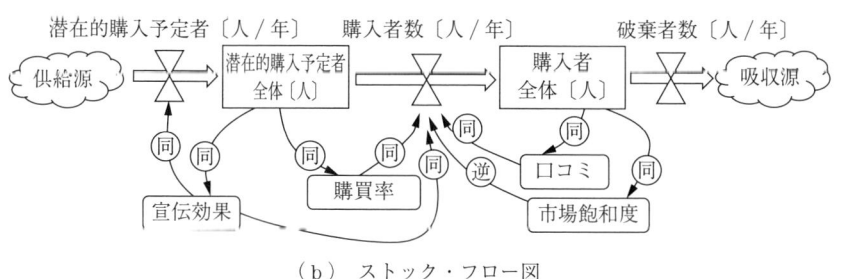

図 8.5　S字型成長モデル

製品購入予定者がフローとして発生し,累積された潜在的購入予定者全体としてストックされる。そこから,毎年実際に製品を購入することにより,製品を有する購入者全体がストックとして表される。その購入者全体のストックは,製品の利用に飽きて破棄する人達が発生することから,吸収源へのフローによっても変化する。これが基本的なストック・フロー図となる。ここで供給源は,製品を購入できる人全体,製品にもよるが,大人だけでなく子供も含めた総人口などが具体的な対象となる。また,吸収源は,製品を捨てていまは持っていない人全体になると考えられる。これが基本の流れとなるが,それではどのような要因によって購入者というストックが変化するのかを把握するため,ループ図を挿入する。ここで,8.4節で説明したように,ストックに直接影響を与えるのはフローのみであるから,この関係にループ図を入れると,潜在的購入予定者の全体数が増加することにより,購入したいという購買率が増え,その結果として毎年の購入者数(フロー)が増えるという自己強化型のループが存在することがわかる。また,潜在的購入予定者の全体数が多ければ,企業から見て購入機会を宣伝効果により増すことができるため,実際の毎年の購入者数を増やすことが期待でき,これも自己強化型ループになっていることがわかる。一方,購入者全体というストックが増えると,市場の飽和度が増えることにより,毎年の購入者数は減っていくバランス型ループが形成されていることがわかる。また,購入者が増えると口コミ効果により購入者がますます増えるという自己強化型ループも存在することがわかる。以上のように,S字型成長モデルの挙動を,ストック・フロー図を用いて説明できる。ただし,ここでは吸収源への部分は説明していない。この部分を考慮すると,通常のS字型成長モデルではなく,十分な時間が経過すると量そのものが減少していく挙動になる。一般に各種商品やサービスは吸収源を考慮した挙動を示すので,S字型成長モデルはあくまでも利用者が製品を破棄しないという前提でのモデルであることに注意する必要がある。このS字型成長モデルには,一般にロジスティック曲線が利用されるが,このほかにも初期利用者の発生の仕方を改良したバースの普及モデル[26]がある。

8.7 サプライチェーンマネジメントモデル

　これまで本章で述べてきたことの応用例としてサプライチェーンマネジメントモデルを取り上げる。**サプライチェーンマネジメント**とは，製造業や流通業などで，製品の生産から消費までの原材料や部品の調達から製造，在庫，流通，販売の流れをシステムと捉えて，それに関わる企業や組織が情報を共有することによって，それぞれの部署で独立に需給を考えることで発生していた無駄をなくして，製造から消費までのスピードアップと効率化をはかるビジネスプロセスの変革手法である。したがって，ストック・フロー図を描くことにより，どこにボトルネックがあるかといったことを検討するのがおもな目的となる。

　図 8.6 に代表的なサプライチェーンマネジメントモデルを示す[27],[28]。ここで供給源は消費者の需要である。この需要を受けて，小売業者は卸売業者に製品を発注する。卸売業者は，小売業者から受注した個数を準備するため，物流業者に発注する。物流業者は，卸売業者からの注文を工場へ生産依頼する。

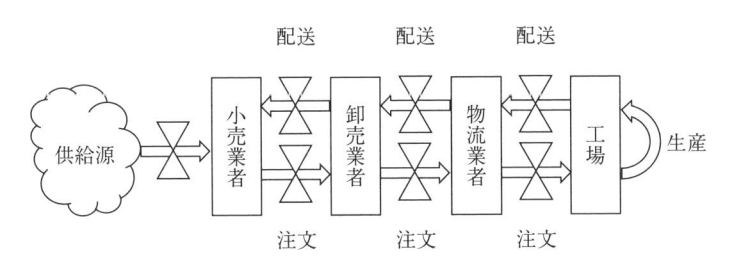

図 8.6　サプライチェーンマネジメントモデル

　工場ではその注文を受けて，物流業者へ配送し，以下同様に小売業者から消費者の手元に製品が届くという仕組みになっている。ここで，製品の生産とその流通には時間的な遅れが生じることに注意する必要がある。すなわち，各段階で製品を注文したからといって，すぐに製品が配送されてくるわけではない。また，配送されるサイクルも各段階により異なる。例えば，消費者は日々小売

店にやってきて，製品を購入していく。小売業者は製品が不足しそうになると卸売業者に注文するわけだが，卸売業者は，消費者の行動が見えないので，小売業者の動きだけで物流業者への注文を判断しなければいけない。さらに，物流業者は，卸売業者の動きを見て，工場への発注量を判断する。最後に工場では，どのくらい生産するかを物流業者の注文状況から判断しなければいけない。つまり，各段階で，直接連携する業者からの情報しかないとすると，消費者の行動を見ているわけではないので（小売業者しか消費者の行動を見ていない），配送する量も，それぞれの意思決定に委ねられる。例えば，これが安全側に働くと，つまり，なるべく品切れ状態をなくす方向に動くと，小売業者から発注する量よりは，卸売業者が発注する量は多くなり，物流業者から発注する量はさらに多くなるという状況を生じさせる。しまいには，工場ではかなり余分な量の生産をしてしまうことがある。このような現象を**鞭効果（ブルウィップ効果）**と呼んでいる。これは，各組織が独立に得られる情報からのみで意思決定を行う，いわゆる個別最適化により生じる事象である。したがって，組織横断的に情報を共有することにより（全体最適化），より適切な生産と配送を実現できると考えられる。これには，複数企業にまたがる協力が不可欠となるが，おたがいに効率的なメリットが大きいので，近年では情報システムの構築・導入の容易性もあって，サプライチェーンマネジメントモデルを推進するケースが増えている。

☆ 演 習 問 題 ☆

【8.1】 利率（例えばプライムレート）はストックかフローか。ストック・フロー図を描き考えよ。

【8.2】 失業率はストックかフローか。ストック・フロー図を描き考えよ。

【8.3】 静的な均衡状態および動的な均衡状態の例を挙げよ。

【8.4】 複数のプロセスや業務が連携して処理されるサプライチェーンマネジメントモデルに対応する例を挙げよ。

9 入出力情報とそれらの関係を表現する入出力システムモデル

9.1 入出力システムモデルの表現

6章で述べたとおり，ある対象をシステムとして認識した結果得られたシステムを，実際に表現したものがシステムモデルである．本章から12章までは，このシステム表現としてよく利用される代表的なシステムモデルを紹介する．本章では，まず入出力システムモデルを取り上げる．**入出力システム**とは，ある対象に対して，入力情報と出力情報，および入力情報と出力情報の間の二項関係を認識することで得られるモデルのことである．これは最も基本的なシステムモデルである．すなわち，ある対象（問題状況といってもよいが）は，何かに作用することにより（入力），発生する事象（出力）である．その本質（入力情報を出力に変えるもの）がまさに問題（システム認識するもの）であると考えられるからである．

入出力システムの本質は，何らかの観点から属性を二つのクラスに分類することである．入力から出力への変換，または因果と捉えるとシステム認識の目的にとって有効である．図 9.1 に示すように，入力集合を X，出力集合を Y としたときの，入力情報を出力情報に変えるものがシステム S となり，基本的な入出力システムモデルが表現できる．システム S により，X と Y は何らかの因果関係が存在するが，これは，数学的な表現を使えば，X と Y の対か

図 9.1　基本的な入出力システムモデル

らなる集合の部分集合がシステムSであるといえる。例えば，Xに対してYはつねにXの2倍になるというのであれば，$Y=2X$という直線上にシステムSが存在することになり，$X^2+Y^2=1$の関係を必ず成り立たせるような因果関係が存在するとすれば，それは原点を中心とした半径1の円周上にシステムSが存在することにほかならない。次節以降では，具体例を用いながら，この入出力システムモデルの特徴を見ていくこととする。

9.2 変　換

　入出力システムの中で，「変換する」という認識は重要である。3.4節でも述べたように，システムの理想状態を表現する際に，基本定義は変換プロセスと世界観を必ず含んでいなければならないと述べたが，ここでも同様に，システムSに相当する変換により，入力と出力は同種類であることが守られていなければならない。したがって，システムS，すなわち「変換」の考え方は，「何が」起きたのかを見るのであり，「なぜ」起きたかを見るのではないことに注意する必要がある。

　例えば，「乾かす」という変換をすると，「濡れた髪や傘」は「乾いた髪や傘」になり，「接着剤でつなぎ合わせた木材」は「接着剤で固定された木材」になり，「傷口」が「かさぶた」に遷移が起きる。

　【例9.1：製品化プロセスの入出力システムモデルの例】　ある工場での製品化は，原材料Aと機械αから製品1が，原材料Bと機械βから製品1が，原材料Cと機械βから製品2が製造されているという状況を想定する。この製品化プロセスをシステムとして入出力システムモデルを描くとどのようになるだろうか。

　【考え方】　ここで原材料，機械，製品は対象となる工場の製品化において生産されるものに着目した認識であり，これはその認識の目的に応じてさまざまに考えることができる。すなわち，必要であれば，製品化に関わる従業員数，作業スペースの広さ，納期などを考慮する。このように何のために工場の製品化をシステムとし

て認識するのかに依存して決定すればよい。さて，工場の製品化を「生産されるもの」に着目してシステムとして認識すると，その表現は，以下のようにまとめられる。

全体の属性：原材料，機械，製品。
入力集合：入力集合は原材料と機械の二つであるが，原材料と機械の組合せにより意味をなすので，ここでは $\{(A, \alpha), (B, \beta), (C, \beta)\}$ となる。
出力集合：$\{1, 2\}$
入出力関係：入力集合（原材料と機械の組合せから生産される製品は特定されることから，ここでは $\{((A, \alpha), (1)), ((B, \beta), (1)), ((C, \beta), (2))\}$ となる。◇

以上の結果を入出力システムモデルで表現したものを**図9.2（a）**に示す。工場の製品化システムを「変換」と考えれば，バラバラな原材料と機械（入力）をもとに，それらを組み合わせて製品（出力）にするという観点からも入力と出力は同じ種類の表現になっていることがわかる。

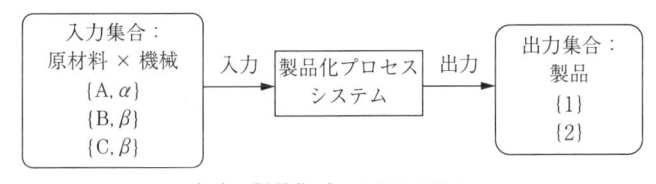

（a）製品化プロセスシステム

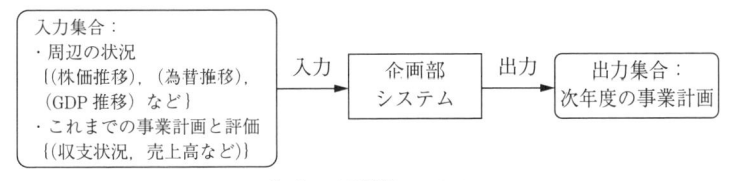

（b）企画部システム

図9.2 入出力システムモデル例

【例9.2：企画部の入出力システムモデルの例】 企業内において事業計画を策定する部署（ここでは企画部と呼ぶことにする）を取り上げる。この企画部をシステムとして入出力システムモデルを描くとどのようになるだろうか。

【考え方】 まず，何のために企画部をシステムとして認識するかであるが，仮に「その企業全体の次年度の事業計画を策定する」ということを目的と置く。そうすると，以下の入出力システムモデルとしての表現がまとめられる。

全体の属性：周辺の状況，これまでの事業計画と評価，次年度の事業計画。

入力集合：周辺の状況は，詳細に分類するときりがないが，例えば，{株価，為替，GDP，利子率の推移などの情報}であり，これまでの事業計画と評価は，{その企業の収支状況，売上高，顧客数など}である。

出力集合：次年度の事業計画

入出力関係：この例では，入力集合と出力集合の間にその組合せによる制約などはない。 ◇

以上の結果から，図（b）に示すシステムモデルとなることがわかる。

9.3 正のフィードバック

つぎに入出力システムモデルを基本に，それらを組み合わせることにより，さまざまな挙動を表すことを説明する。一般に，システムの出力を入力に戻すことをフィードバックという。入出力システムにおけるフィードバックは，システム制御やシステム管理の目的達成に利用されることが多い。このフィードバックの基本は，**図 9.3**に示すように，入力 X，出力 Y，入出力システム S からなるモデルが基本となる入出力システムモデルに，もう一つのシステム T を導入し，システム S により出力された Y を入力とし，変換後に，出力された値をシステム S の入力 X とする仕組みである。システム S と T の間で，入出力値が循環し，さまざまな挙動を作り上げることができる。

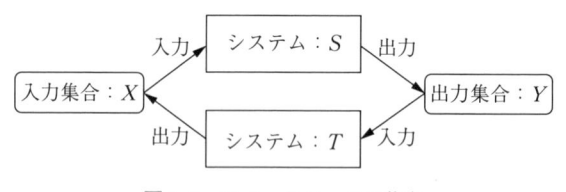

図 9.3 フィードバックの基本

図 9.3 において，入力 X に対して，システム S の出力 Y が増加したとする。その Y をシステム T の入力として出てきた結果が，増加した場合は，それを再び入力としたとき，システム S の出力 Y はさらに増加することがわかる。すなわち，そのシステムへのフィードバックによる入力が増加する場合の

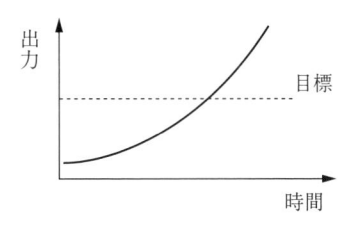

図 9.4 正のフィードバック挙動

フィードバックを**正のフィードバック**という。図 9.4 に示すように，一般に，時間とともに，指数的成長挙動になるのが特徴である。ループ図でいえば，自己強化型ループに対応する。

以下に，正のフィードバックの例を挙げる。

パニック状態の拡散過程：地下街での群衆の中の一人がパニック（入力）になったりして，例えば「火事だ」と叫んだりすると，そのパニック状態がほかの人々に伝わり（システム S, T），群衆全体がパニック状態（出力）になるような拡散過程のことを指す。インターネットで広がるチェーンメールなども，この正のフィードバックにより広がる例といえる。

増加，減少する数値：1880 年代から 2000 年代のアメリカの実質 GDP の推移，紀元 0 年から現在に至るまでの世界の人口の推移などが挙げられる[25]。これらの例は，おもに増加する現象を捉えたものであるが，逆にどんどん減少するものも正のフィードバックという。例えば，銀行の経営状況が悪化したといううわさが流れたとき，人々は銀行から預金を現金にして引き出そうとする。預金が少なくなれば，悪いうわさがさらに広まり，どんどん現金が引き出され，しまいには銀行に預金がほとんどなくなるとか，株価の下落により投資家の株売りが進み，株価がさらに下がるといったものである。

ここで，直線的な挙動について補足しておく。直線的とは，システムの状態が変化しても指数的な増加や現象を見せるのではなく，純増加量が時間とともに変わらないことである。すなわち，システムの状態から純増加量へのフィードバックがゼロでなければならないことであり，現実の世界ではきわめてまれ

である。ただし、観測する時間軸を短くとって推移を見ると、直線的な挙動を見ることができる場合がある。この場合も、指数的な挙動である場合が多いので、観測期間をどれくらいにとるのかというのは、挙動を分析するうえでは、重要なポイントといえる。

9.4 負のフィードバック

図9.3において、システムSにより出力されたYが増加し、そのYをシステムTの入力とした際に、出力Xが減少するような場合、すなわち、システムの出力が増加したとき、そのシステムへのフィードバックによる入力が減少する場合のフィードバックを**負のフィードバック**という。**図9.5**に負のフィードバックの挙動を示す。図からもわかるとおり、最初は目標から遠くにあったとしても、時間とともに対象システムを目標に近づくように制御するときに利用する。ループ図でいえば、バランス型ループであるといえる。

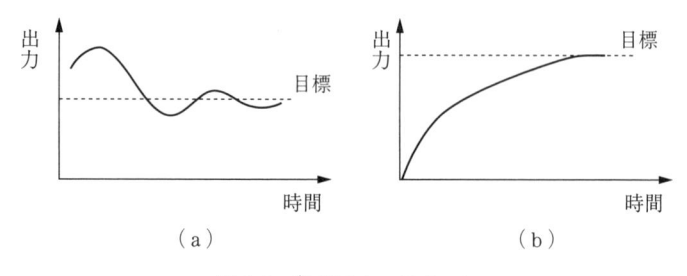

図9.5 負のフィードバック

ここで、いくつか負のフィードバックの例を挙げる。

サーモスタットの温度調節：電気こたつの温度調節への利用が代表的である。こたつの温度が設定温度より高くなったとき（入力）、こたつのスイッチが切れて（システムS）温度を下げ（出力）、設定温度より低くなったとき（入力）にはスイッチが入り（システムT）、こたつの温度を上げる（出力）という挙動は、負のフィードバックである。

竿灯の制御：秋田県で行われる竿灯まつりでは，長さ 12 m，重さ 50 kg にも及ぶ竿灯を立てて，練り歩く。竿灯を垂直にたてなければいけないので，非常に不安定な平衡状態になる。足腰でうまくバランスをとらなければ（すなわち制御しなければ），竿灯は倒れてしまう。複雑な動きが必要になるが，これを 2 次元で捉えると，足の動きが前後左右に移動することにより，平衡状態を保持しようとしていることがわかる。これも負のフィードバックといえる。

これらのほかに，工場で生産される製品の不良品率の推移，情報システムにおけるバグ件数の推移，全国におけるユーザ宅までの光ネットワーク化の浸透率の推移などが挙げられる。

負のフィードバックには，望ましい状態と現在の状態を比較して是正するための行動をとるプロセスが含まれる。多くの場合，システム状態が目標に近づく速さは，その隔たりが小さくなるにつれ遅くなる傾向がある。目標に一定の速度で近づき，目標に到達したときに停止するのではなく，徐々に目標へと接近していくのは，望ましい状態と現状の隔たりが大きいとそれに対する反応も大きく，隔たりが小さいと反応も小さくなる傾向があるからと考えられる。

隔たりの大きさと是正するための行動との関係が線形の場合，是正量は隔たりの大きさと正確に比例している。この結果として生じる挙動は指数的減衰となる。隔たりが少なくなるにつれ，是正量も少なくなることがわかる。

9.5 過剰フィードバック

システムの出力が目標の周辺を振動するような挙動を**過剰フィードバック**（または振動）と呼ぶ。**図 9.6** に示すように，基本的な挙動は負のフィードバックと同じだが，目標に向かって動く際に，時間遅れが伴うので，目標に収束しないのが特徴である。これは，目標追求の負のフィードバック挙動と同様に，バランス型ループによって引き起こされる。目標と現在の状態を比較したうえで，その差を是正するために行動をとる。システムの状態は，目標を行き

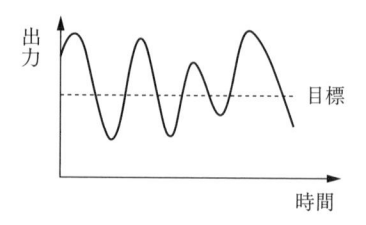

図 9.6 過剰フィードバック（振動）

すぎて戻り，つぎには逆に下がりすぎるという挙動をたえず繰り返すものである。負のフィードバックと異なることは，バランス型ループ内に時間遅れを生む要因があるからである。

昔，遊園地などに，蛇行した道路に沿ってミニカーを動かすゲームがあった。子供はハンドルをどれくらい切れば，コースアウトせずに運転できるかの程度がわからないため，ハンドルを大きく切りすぎて，道路からはずれてしまう。それをもとに戻そうとして，ハンドルを切ると，今度は反対側に道路が蛇行しており，また道路からはずれてしまう。これは，頭で認識している状況と手でハンドルを動かす動きの間に時間遅れが生じている結果，認識状態と意思決定状態に遅れが生じているということがわかる。

また，企業経営においても過剰フィードバックが生じる。飲料メーカにおいて，翌月のペットボトルの生産量を決めるという状況を考える。例えば，今月は，暑い日が続いたため，ペットボトルの消費量がかなり増加し，品薄状態になってしまった。そういった事態を解消するため，翌月はさらに増産するという計画を立てる。ペットボトルの生産には，1か月要するものとすると，ペットボトルを提供可能な数日前の天候やその他の状況を考慮した対応は不可能なので，このような予測が必要となる。いざ生産量を増加して準備すると，翌月は涼しい日が続いたため売上は減少し，多くの在庫を抱えてしまったといったケースである。これは，現在の状況に対応するには1か月という時間の遅れが生じることが原因で振動が発生する例といえる。

9.6 基本挙動の相互作用

9.3〜9.5節で説明してきたフィードバックは，時間とともにどのように変化するかという観点に着目してきた．このように時間により状態が変化する入出力システムを時間システムという．さらに，時間システムにおいて，時刻 t までの入力が同じならば，それに対応する時刻 t までの出力が同じ場合，すなわち，入力を与えれば出力が一意に決まる場合，その時間システムは因果的であるという．因果的なシステムは，現在の出力が未来の入力によらないともいえる．このように因果的で，現在の入力が未来の出力に影響する時間システムを**ダイナミカルシステム**という．われわれの住む日常の世界のさまざまな出来事は，因果性を満たしており，ダイナミカルシステムであると捉えることができる．

ダイナミカルシステムである正のフィードバック，負のフィードバック，過剰フィードバックを組み合わせることにより，非線形のさまざまな挙動を発生させることができ，また複雑な挙動を解明することができる．

8.6節においても説明したS字型成長は，初めは指数的に量が増加するが，増加の割合が徐々に弱まり，最終的にシステムは均衡状態になるパターンができ上がる（**図9.7**（a））．この根底にあるシステム構造は，環境容量という生態学の制約を利用すると理解しやすい．ある生息環境における環境容量は，その環境が養える生物の個体数であり，その環境で得られる資源と，その生物が必要とする資源量によって決まる．例えば，日本国内の総人口を1億人とすれば，携帯電話がどんどん普及しても，S字型成長をたどり，1億台という環境容量に近づくことを意味している．さらにいえば，この環境容量自身も時間とともに変化している．総人口1億人は，今後数十年で半減するともいわれており，そのような長い時間においていえることは，S字型成長は環境容量を越えると，減少するということである．すなわち，S字型成長を発生させる条件は，バランス型ループに大きな時間的遅れが含まれていないこと，これはもし

(a) S字型成長

(b) 行きすぎと振動を伴うS字型成長

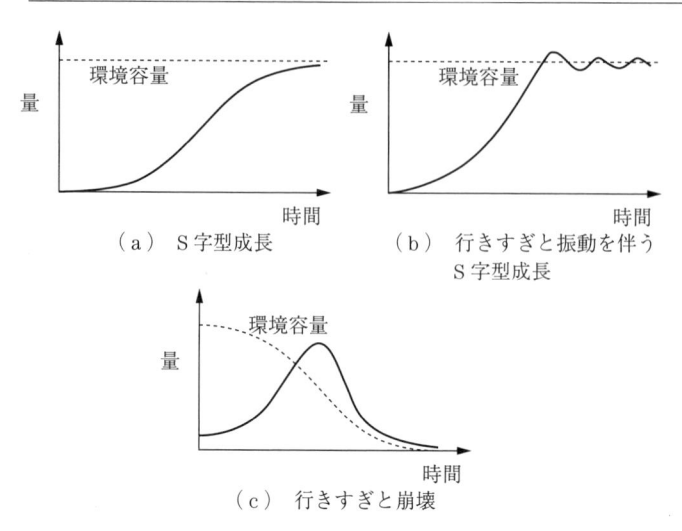

(c) 行きすぎと崩壊

図 9.7 基本挙動の相互作用[25]

大きな時間的遅れが含まれていると，環境容量近辺で振動してしまうからである．もう一つの条件は，量が増加することにより環境容量が減少すると，量自身も減少の一途をたどり消滅してしまうため，環境容量が一定であることといえる．

S字型成長は，自己強化型ループからバランス型ループに移行していく過程を連続的に変化していく挙動と考えられるが，バランス型ループ内に時間遅れが生じると，先にも述べたとおり環境容量を行きすぎ，その周辺で振動する，いわゆる「行きすぎと振動を伴うS字型成長」が生まれる（図（b））．例えば，都市や国の人口を考える．何も考えなければ人口はどんどん増えていくといわれ，食糧難などに陥ることを危惧して人口抑制策がとられることがある．人口抑制策の効果は，国中にその認識を広めなければいけないが，それには時間がかかる．また，その効果が表れたかを調べる手間もあり，あまり効きすぎると今度は対策を緩めるか撤廃しなければいけない．このような政策が時間遅れで影響してくる場合に相当する．

S字型成長には環境容量が一定であることを前提とした．この前提が崩れた場合にはどのようなことが起こるだろうか．例えば，森に棲む鹿は，森の植物

を食べて生活を営む．したがって，鹿の数は，森の植物という環境容量を超えることができない．しかし，この環境容量はどのように変化するか．最初は十分な食物があるため，鹿の数が増えすぎて，森の植物を食べつくしてしまうと，結果として飢餓が起こり，個体数は急激に減ることがわかる（図（c））．例えば，魚などの乱獲による漁獲高の急激な減少などの状態がこれにあたる．

9.7 その他の挙動

3種類のフィードバックを組み合わせた代表的な相互作用を説明したが，それ以外にも異なる特別な挙動がある．

一つは，定常状態（均衡状態）である．一般に，恒常性が生じるのは，システム状態に作用するダイナミクスが緩やかすぎて変化を認識できない場合や，環境の外乱に直面してもシステムの状態をほぼ一定に保つ力強いフィードバックプロセスが存在している場合に対応する．ダイナミクスが緩やかすぎて，変化を認識できない場合は，システムに対してその変化が重要でないということである．また，システム状態を一定に保つ力が働いている場合，この挙動は目標追求型の挙動である．すなわち，バランスをとろうという意思が働いている．例えば，物体が机の上で静止している状態を考える．物体には重力が働いているので，地球の中心に向かって引っ張られているが，それと同様に机から物体に対して同じ力の抗力が働いているため，物体は均衡状態すなわち，静止していると見えるわけである．

二つ目は，ランダム性である．**ランダム**とは，得られた結果の間に何ら規則性がなく，人為的でないことである．例えば，サイコロを振ってどの目が出るかは，細工していなければまったくでたらめで，ランダムである．ファーストフード店に単位時間あたりに来る客の数は，曜日や時間帯によりまったく異なりランダムであるといえる（この場合は，より正確にいうと，まったくのランダムではないかもしれない．毎時間来店者数を観測することにより，曜日や時間帯別の傾向を把握することができる可能性が大きいからである）．ブラウン

運動や株価の変動などはまったく規則性がない（株価の変動などは，ある原因が発端となって，生じる現象なので，因果関係はあるのだが，それがあまりにも複雑すぎるため，ランダムと理解されているのである）。

　三つ目は，**カオス**である。カオスを説明する前に，安定状態と不安定状態の説明のために**拡大振動**とリミットサイクルを説明する。一般に，振動する多くのシステムは，その振動が時間とともに減衰する。これはシステムの均衡点（減衰し，最終的に静止する点）が安定な状態であり，そこに近づくことを意味している。しかし，システムの均衡点やその周りが局所的に不安定な場合は，均衡点から遠ざかり，拡大振動が生じる場合もある。例えば，富士山のような左右対称の均等な丘があったとする。その頂上にボールを置く。もし頂上が非常に尖っている場合は，ボールが少しでも傾くと，ボールは勢いよくふもとまで転がり落ちる。これは，均衡点とその周辺が局所的に不安定であるため，大域的に安定な状態に移る挙動が生じたといえる。均衡点から離れる自己強化型ループの後に，バランス型ループにより安定した状態に移動する，言い換えれば，このような拡大振動を抑える制限を**リミットサイクル**と呼んでいる。安定した状態の後，リミットサイクルは，ある特定の軌道（閉曲線）を描くが，これが**アトラクタ**と呼ばれるものである。宇宙の誕生がどのようなメカニズムで起こったのかには，いまだにさまざまな説があるが，太陽を中心とした太陽系の各惑星の軌道は，まさにアトラクタと考えられる。

　カオスはシステムモデルとしては決定論的（あらゆる出来事は，その出来事に先行する出来事のみによって決定しているという考え方）なもので表現されているものでありながら，リミットサイクルのような規則的な挙動ではなく，不規則に変動する。この不規則性の原因は，システム内部から来るものであり，外部の状況変化などによって生じるものではないのが特徴である。そのため，カオスでは，状態空間内にある一定の領域に挙動は限定される。非線形なシステムにおいて生じる挙動である。しかし，挙動には周期性や規則性はなく，**ストレンジアトラクタ**を形成する。また，カオス的なシステムには，初期値への依存性が大きい特性がある。近接する2本の軌道は，どんなに近くに

あっても指数的にたがいから離れていき，最終的には片方の状態からもう片方の状態について得られる情報は，ランダムに選ばれたほかの軌道について得られる情報と同程度しかなくなる．以下の式に従う値を反復計算した結果が**図9.8**に示す軌道であるが，図からもわかるとおり，ある一定の範囲を周期性なく，不規則に動いていることがわかる．

ストレンジアトラクタ（ジャパニーズアトラクタ）は以下の式のように表され，$k=0.1$，$B=12$ のときに，予測が難しい「カオス」状態が発生することがわかる．

$$\frac{dx}{dt} = y, \qquad \frac{dy}{dt} = -ky - x^3 + B\cos t$$

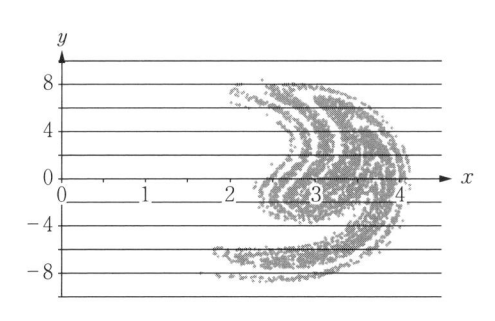

図9.8 ストレンジアトラクタ

☆ 演 習 問 題 ☆

【9.1】 以下の正のフィードバック挙動を，データを調査し図示せよ．
  （1） 2004年から現在までの日本のインターネットトラヒック総量の推移
  （2） 西暦400年から現在までの世界人口の推移（文献[29]，[30]を参考に）

【9.2】 以下の負のフィードバック挙動を，データを調査し図示せよ．
  （1） 1993年から現在までの日本の携帯電話普及率の推移
  （2） 2000年から2012年までの交通事故死亡者数の推移

【9.3】 以下の振動（過剰フィードバック）挙動を，データを調査し図示せよ．
  1980年から現在までの日本の失業率の推移

10 状態の変化を表現する状態遷移システムモデル

10.1 状態遷移システムモデルについて

状態遷移システムモデルとは，入出力システムモデルに状態概念を導入したものである。入出力システムモデルは，その名のとおり，入力と出力によりシステム表現をするモデルだが，その変換により状態が変わる事象もある。例えば，ファーストフード店で，店員が客の注文を処理するシーンを想定する。客がたくさん来店するか少ないかにより，注文処理を行う店員の数が変化する。これは，店員が5名いたとして，昼どきのように混んでいる場合は，店員全員が注文処理をしている，まさにフル稼働の状態であるのに対して，閑散時には1名でも十分に注文処理をできる状態である。このように客の数を入力と考えれば，それに応じて何人の店員が注文処理をするかの状態が変化し，結果として，何人の客が品物をもらえるかという出力が得られるモデルとなる。また，現在店員が3名で対応しているとする。そこにもう一人客が来店したときは，4人目の店員が対応することになる。しかし，すでに対応している3名の店員のうち一人が処理を終了すれば，全体として3名の店員で対応できることになる。これは，現在の状態（店員が何名で注文を処理しているか）は，現在よりも前の段階（すなわち過去の状態）に依存しているといえる。この具体例を一般化し，状態概念の機能的側面からの特徴を挙げると，以下の2点が示される。

（1） 状態概念は入力と出力との関係を関数化する

入力集合 X から出力集合 Y への対応が関数で表せないとき，すなわち入力集合 X 内の要素 x に対して，出力集合 Y 内の要素が一意に決まらない場合，

10.1 状態遷移システムモデルについて

ある集合 C を定め，$C \times X \to Y$ が関数となるとき，C を状態集合という。

(2) 状態概念は過去のシステムの行動の記憶を蓄積している

現在の状態は，過去のシステムの行動の結果生じているという考えであり，現在の状態には過去の行動の履歴が蓄積されている。とくに時間 t における状態は，初期状態に依存するのではなく，直近の状態に依存するというマルコフ過程においては，入力と出力との関係を関数化することが可能である。

この状態遷移システムモデルの適用例として，ほかに以下のものが挙げられる（**図 10.1**）。

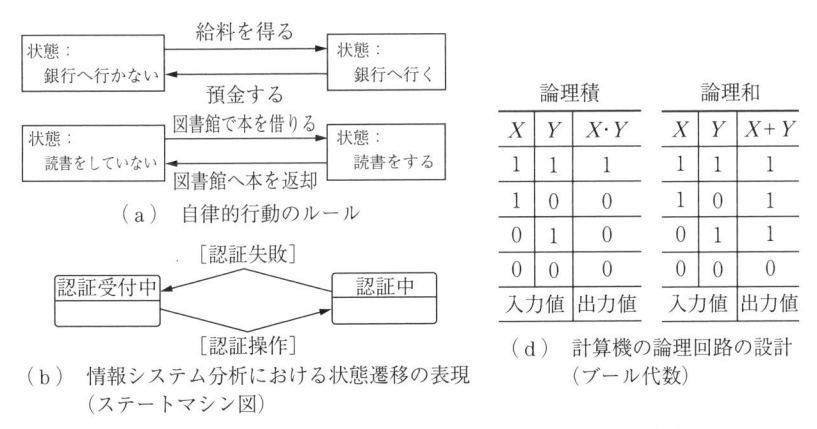

論理積

X	Y	$X \cdot Y$
1	1	1
1	0	0
0	1	0
0	0	0
入力値		出力値

論理和

X	Y	$X+Y$
1	1	1
1	0	1
0	1	1
0	0	0
入力値		出力値

(a) 自律的行動のルール

(b) 情報システム分析における状態遷移の表現（ステートマシン図）

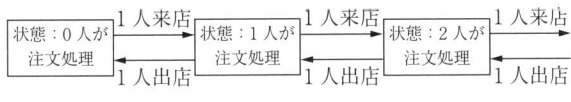

(d) 計算機の論理回路の設計（ブール代数）

(c) 離散事象システムの表現

図 10.1 状態遷移システムモデル適用例

自律的行動のルール（図 (a)）：人間行動などの自律的行動のルールを状態遷移システムモデルにより表現することが可能である。例えば，人間は，給料を得ること（入力）により，銀行へ行かない状態から，行く状態に遷移し，預金すること（入力）により，銀行へ行かない状態に遷移する。また図書館で本を借りる（入力）ことにより，読書を行い（状態），図書館へ返却する（入力）ことにより，読書をしていない状態に遷移する。この

ようなルールの表現に適している。

情報システム分析における状態遷移の表現（図（b））：情報システム開発プロセスの中で，開発の対象となる情報システムを状態遷移システムモデルにより分析することが行われる。通常 UML などを利用する[21]。例えば，図（b）のようにステートマシン図により，あるシステムで，認証受付中の状態でパスワードを入力することにより，システムは認証操作を行う。その処理はシステムの認証中という状態を示すことになる。もし入力したパスワードが不適切であれば，認証失敗という動作により，認証受付中の状態に戻り，改めてパスワードを入力することになる。

離散事象システムの表現（図（c））：システムの行動が現象により引き起こされる離散事象システムの表現に適している。例えば，注文処理がない状態から，1人客が来店すると1人が注文処理状態に入る。さらに1人来店すると，2人が注文処理状態に入るといった具合に，待ち行列モデルなどである。

計算機の論理回路の設計（ブール代数）（図（d））：コンピュータは0，1の2進数で情報表現や処理を行う。それは，論理回路で構成されるが，その挙動を図（d）に示すように，X, Yそれぞれを0，1の入力値，それらの論理積および論理和の出力値と表現するブール代数[31]などを利用して表現する際に適している。

10.2 状態遷移表と状態遷移図

つぎに，状態遷移システムモデルの具体的な表現方法を説明する。表現方法には，**状態遷移表**によるものと**状態遷移図**によるものの2種類がある。**表10.1** に状態遷移表による表現を，**図10.2** に状態遷移図による表現を示す。

いま，コンピュータにキーボードを利用して文字情報を入力することを想定する。表（a）は，現在の状態が$a \sim d$までの4種類あるときに，入力される文字情報として，空白，数字，符号，小数点，その他の5種類に応じて，つ

10.2 状態遷移表と状態遷移図

表 10.1 状態遷移表による表現

(a) 状態遷移表

		入力文字				
		空白	数字	符号	小数点	その他
現在の状態	a	a	b	c	d	e
	b	a	b	e	d	e
	c	e	b	e	d	e
	d	a	e	e	e	e

(b) 12.3 を入力した状態例

入力前の状態	入力	入力後の状態
a	→ (1) →	b
b	→ (2) →	b
b	→ (.) →	d
d	→ (3) →	e

最終状態は e

(c) 5.△(空白)を入力した状態例

入力前の状態	入力	入力後の状態
a	→ (5) →	b
b	→ (.) →	d
d	→ (△) →	a

最終状態は a

(a) 状態遷移図

(b) 12.3 を入力した状態例

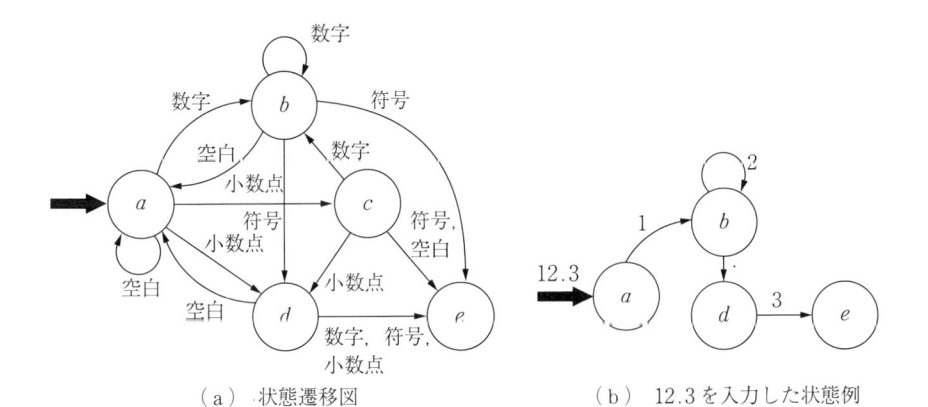

図 10.2 状態遷移図による表現

ぎにどの状態に遷移するかをまとめたものである。例えば，現在 a という状態で，空白を入力すると状態は a のままで変わらない。一方，現在 b という状態で，小数点を入力すると d という状態に遷移することがわかる。

ここで，「12.3」という数値を入力すると，表（b）のように状態が遷移す

る。入力前の状態が a であり，数字「1」を入力すると，状態遷移表に従い入力後の状態は b になる。さらに b の状態を入力前の状態とし，つぎの数字「2」を入力すると，b のまま状態は変わらない。さらに続けて，小数点「.」を入力すると，状態 b から入力後の状態は d に遷移する。最後に入力前の状態 d において，数字「3」を入力すると，入力後の最終的な状態は e になる。

一方，表（c）のように，「5. △」（ここで，「△」は空白を意味する）という値を入力すると，入力前の状態 a から，数字「5」が入力されることにより，状態 b に遷移する。つぎに小数点が入力されることにより，状態は b から d に遷移する。ここで，状態 d において，空白を入力すると状態遷移表からも読み取れるとおり，状態 a に遷移する。したがって，この場合の最終状態は a となる。最終状態がどのような意味があるかは，次節以降で説明するが，このような状態遷移を考えることができるもとの表が状態遷移表である。

つぎに状態遷移図による表現を考える。図10.2に，表10.1の状態遷移表で示したものと同じ状態遷移をノードと矢印で表す。$a \sim e$ の五つのノードが各状態である。その状態間で，矢印付きのリンクが張られているが，これはその矢印に記されている値が入力されたときに，状態がどこに移るかを示したのである。例えば，状態 a に数字が入力されると状態 b に遷移する。状態 b に符号を入力すると状態 e に遷移するといった具合である。これが状態遷移図である。例えば，先ほど状態遷移表で示した「12.3」を状態遷移図で入力すると，どのようになるだろうか。状態 a からスタートすると，図（b）に示すような手順で，最初状態 a が「1」を入力することにより，状態 b に遷移する。つぎに状態 b で「2」が入力されることにより，自分自身に遷移し，さらに小数点「.」を入力することにより，状態 d に遷移する。最後に「3」を入力することにより，状態 e に行くことがわかる。

10.3 有限オートマトン（トランスデューサ）

状態遷移システムモデルの代表例として**有限オートマトン**（または有限状態

10.3 有限オートマトン（トランスデューサ）

機械と呼ばれる）を説明する．有限オートマトンは，有限個の状態の遷移と動作の組合せからなる状態遷移システムモデルである[32],[33]．表現方法は，前節で述べたように，状態遷移表や状態遷移図を利用するが，与えられた入力と動作を伴う状態に基づき出力を生成する**トランスデューサ**と，入力された情報をそのシステムモデルでアクセプトしたり認識して結果を知らせるための**アクセプタ**の 2 種類のモデルが存在する．本節では，まず，トランスデューサについて説明する．トランスデューサは，**図 10.3** に示すように，q_i, q_j が二つの状態を表し，2 状態間の矢印が遷移を表し，その遷移の引き金となる入力 a とその結果の出力 b を記す有向グラフで表せる（一般に，この表現形態をミーリー機械と呼ぶ）．

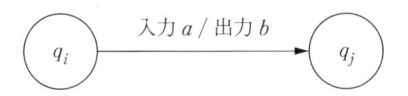

図 10.3 有限オートマトン（トランスデューサ）の状態遷移図

【**例 10.1：自動販売機の有限オートマトンの例**】 例えば，100 円玉のみ受け付け，400 円の商品を出す自動販売機の有限オートマトンを考える[1]．

【**考え方**】 q_n（ただし，$n = 0, 1, 2, 3$）は 100 円玉が n 個投入されている状態として，すなわち q_0 は 100 円玉が投入されていない状態，q_1 は 100 円玉が 1 個投入された状態といった具合である．T は商品の出力を，F は商品の出力がないことを表す．**図 10.4** に示すように，状態 q_0 において，100 円玉を 1 個入力すると，状態 q_1 に遷移し，さらに 100 円玉を 1 個入力すると，状態 q_2 に遷移するといった挙動であ

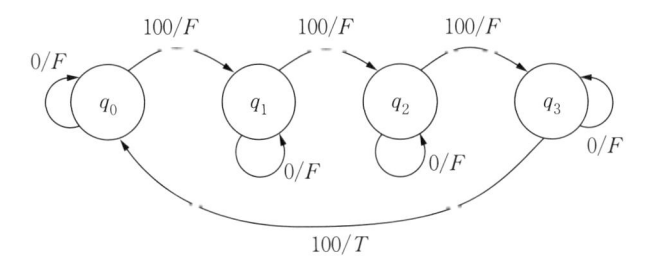

図 10.4 自動販売機の有限オートマトンの状態遷移図

る。状態 q_0 から q_3 までは入力があっても出力は F で商品が出てこないが，状態 q_3 に 100 円玉を入力すると，商品が出るので出力は T となる。さらに，蓄積された 100 円玉の情報がリセットされ，新たに商品を購入できる状態になるので，q_3 から q_0 に遷移する。図 10.3 に示した有限オートマトン（トランスデューサ）の状態遷移図により，それぞれの値の意味が理解できる。　　　　　　　　　　　　　◇

有限オートマトン（トランスデューサ）は，数学的には以下の五つの組 $\langle A, B, C, \phi, \lambda \rangle$ により定義される。

A：有限入力集合

B：有限出力集合

C：有限状態集合

$\phi : C \times A \to C$；状態遷移関数

$\lambda : C \times A \to B$；出力関数

先に示した例 10.1 を定義にあてはまると，以下のとおりとなる。

有限入力集合：$A = \{0, 100\}$

有限出力集合：$B = \{F, T\}$

有限状態集合：$C = \{q_0, q_1, q_2, q_3\}$

状態遷移関数 ϕ と出力関数 λ は，**表 10.2** に示すとおりである。

表 10.2 状態遷移関数と出力関数

C	ϕ		λ	
	0	100	0	100
q_0	q_0	q_1	F	F
q_1	q_1	q_2	F	F
q_2	q_2	q_3	F	F
q_3	q_3	q_0	F	T

10.4　有限オートマトン（アクセプタ）

本節では，アクセプタについて説明する。前節で説明したトランスデューサ

は，どのような入力で状態遷移が発生し，どのような出力が得られるかに関心をおく計算機回路の処理過程を表現するのにおもに用いられた（それだけではないが）。一方，本節で説明するアクセプタは，入力された情報を受け入れたり，認識したりして結果を知らせる目的に用いるという面では，言語理論の確立に用いられている。ここで，言語理論について少し触れておく。計算機科学は，電算についての科学的な理論体系であり，その中での言語理論とは，言語の形式的な記述とその限界，またその理論の応用などを体系化したものである。ここでいう言語とは，文字列の集合である。すなわち，「ある文字列が対象としている言語に所属するかどうかを明確な基準ではっきりと判定できる」集合ということになる。言語例として，以下のような形態が挙げられる。

- *try* という文字列一つだけからなる言語：$\{try\}$
- *try* という文字列と *to* という文字列の二つからなる言語：$\{try, to\}$
- 1文字の *a* のつぎに *h* または *ps* が1回もしくは3回続くような言語：$\{ah, ahhh, aps, apspsps\}$
- 2文字以上の *r* からなるすべての文字列：$\{rr, rrr, rrrr, rrrrr, \cdots\}$
- *ad* または *by* が2回以上繰り返される文字列からなる言語：$\{adad,$ $bybyby, adbyby, byadbyad, \cdots\}$
- 空文字列だけからなる言語：$\{\triangle\}$
- 文字列をまったく含まない言語：ϕ（空集合）

このように，ある有限文字列がある言語の要素かどうか判定できるようにするモデルがアクセプタであり，それを目的としている。ここで判定の方法としては，以下の条件を満足していることが求められる。

① 状態遷移の入力条件として「文字」を採用する。すなわち，ある状態からどの文字が来たらつぎにどの状態に遷移するか，という形で状態遷移を決める。

② 「開始状態」を一つ決めておく。文字列の先頭文字の入力は，まずこの開始状態から始める。

③ 「終了状態」を決めておく。これは一つとは限らない。場合によっては

二つだったり三つだったり，たくさん用意されていたり，とにかく一つ以上であれば個数に制限はない．どの状態を終了状態としてもよい．開始状態を終了状態としても構わない．

【例10.2：有限オートマトンによる文字列判定の例】 図10.5に示すように，q_0からFまでの四つの状態が与えられ，おのおのの入力値に対して状態が遷移するものとしたときの手順を考える．

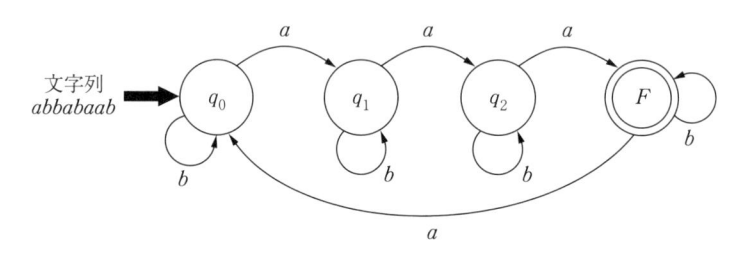

図10.5 有限オートマトン（アクセプタ）の状態遷移図

【考え方】 以下の手順で操作する．
① 判定したい文字列を一つ持ってくる（「$abbabaab$」）．
② 有限オートマトンのほうは開始状態から始める（開始状態はq_0）．
  • 文字列の先頭から順に1文字ずつ取り出す．
  • 現在の状態を確認する．取り出した文字によってつぎの状態に遷移する．
  • 文字を取り出しては状態遷移を繰り返す．
③ 取り出すべき文字がなくなってしまったとき（つまり文字列の末尾まで終了したとき）どの状態になっているかを調べる．それは終了状態かどうかをチェックする（終了状態はF）．

もし，終了状態になっていれば，この文字列はこの有限オートマトンが表す言語に所属するといえる（先頭のaが入力されることにより，q_0からq_1に状態が遷移する．つぎにbが入力されることにより，q_1はそのままの状態である．先頭から3番目のbに対しても状態の変化はなく，つぎにaが入力されると，q_1からq_2へと遷移する．つぎのbでは遷移はなく，aが2回入力されることにより，q_2からFを経て，q_0に遷移する．したがって，q_0が最終の状態で，Fではないので，文字列「$abbabaab$」は，言語に所属しないといえる）． ◇

ここで，途中でどの状態を遷移していったかはまったく関係ない．とにかく最後の終了状態まで無事遷移することができたかどうかだけが判断基準とな

10.4 有限オートマトン（アクセプタ）

る。そしてこの言語に所属すると判定されたことを「この文字列はこのオートマトンによって受理された」という。逆にオートマトンによって受理されないのはつぎの二つの場合である。

- 最後の状態が終了状態ではない場合
- 途中で遷移先が明示されていなかった場合

以上より，有限オートマトン（アクセプタ）の数学的表現を定義すると以下のようになる。

S ： 状態の空でない有限集合

I ： 入力アルファベット

F ： 終了状態（または受理状態）（$F \subseteq S$）

q_0 ： 初期状態

f ： 状態遷移関数 （$f : S \times I \rightarrow S$）

例10.2では，$S=\{q_0, q_1, q_2, F\}$，$I=\{a, b\}$，$f(q_0, a)=q_1$，$f(q_0, b)=q_0$，$f(q_1, a)=q_2$，$f(q_1, b)=q_1$，$f(q_2, a)=F$，$f(q_2, b)=q_2$，$f(F, a)=q_0$，$f(F, b)=F$となる。

【例10.3：状態遷移関数の操作の例】 状態集合 $S=\{q_0, q_1, q_2\}$，入力アルファベット $I=\{a, b\}$，終了状態 $F=\{q_1\}$ として，図10.6（a）に状態遷移表を与えることにより，状態遷移図が得られるということについて考える。

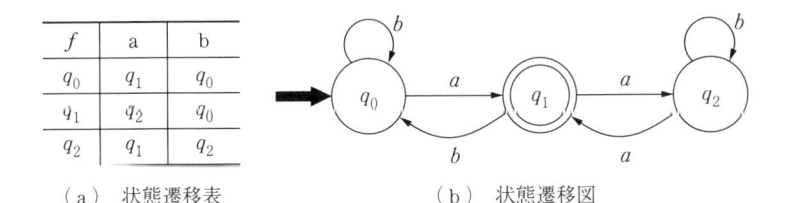

f	a	b
q_0	q_1	q_0
q_1	q_2	q_0
q_2	q_1	q_2

（a）状態遷移表　　　　　（b）状態遷移図

図10.6　アクセプタ例

【考え方】 遷移行列では，$f(a)$，$f(b)$ は状態遷移の連続操作として，つぎのように考えることができる。語 $w \in I^*$（ここで I^* は入力文字列全体の集合），$a \in I$，$q \in S$ に対して，$f(q, wa) = f(f(q, w), a)$ と定義する。すなわち，状態 q に wa という入力を施したときの状態遷移を計算するということは，状態 q が入力 w に

よって遷移した状態にさらに a により遷移した状態を表す．$f: S \times I^* \to S$ への関数として拡張できる．例えば，入力語を「bab」とすると，$f(q_0, bab) = f(f(q_0, ba), b) = f(f(f(q_0, b), a), b) = f(f(q_0, a), b) = f(q_1, b) = q_0$ となる． ◇

10.5 正 規 言 語

本節では有限オートマトンがどのように利用されるのかについて説明する．そのためにまず**正規言語**について説明する必要がある．正規言語（または正則言語ともいう）とは，有限オートマトン（アクセプタ）によって受理される言語のことである．この受理される語全体を $L(M)$ で表す．例えば，前節の例 10.3 において，「bab」という文字列は終了状態に到達しないので $L(M)$ ではない．一方，「$baaa$」は例 10.3 では $L(M)$ であることがわかる．

つぎに，正規言語かどうかをチェックする有限オートマトンを，状態遷移図を用いて作成する．いま，入力アルファベット $I = \{c, d\}$ とし，c, d による文字列としての入力語のうち，d の数が偶数の入力語（例えば，$dd, cdcd, ccddddc$ など）のみ受理する有限オートマトンを作成することを考える．

手順 1：まずは状態の種類と個数を明らかにする．ここでは，文字列が入力されていない状態が q_0．文字 c の入力に対しては，いずれの状態も遷移しない．一方，文字 d の入力に対しては，状態が遷移するといえる．したがって，文字 d が 1 個の場合を q_1，2 個の場合を q_2 とする．3 個になった場合は，どうなるか．d の数が偶数のみ受理するということは，3 個の場合は d が 1 個余分にあることを意味している．そのため，q_3 は q_1 と同等と考えてよい．同様に d が 4 個の場合は q_2 と同等と考える．以上より状態は $\{q_0, q_1, q_2\}$ となる．

手順 2：おのおのの状態間に遷移の矢印を付け加える．その際に，状態が遷移する場合は入力文字が d であり，遷移しない場合は文字 c が入力となることに注意する．最後に q_2 の状態から文字 d が入力された場合は，どこに矢印がいくかを考える．手順 1 で説明したとおり，$q_1 = q_3$ であることから，q_2 からは q_1 に矢印を付加する．

10.5 正規言語

手順3：初期状態 q_0 への矢印，終了状態（受理状態）q_2 の2重丸で示す。
以上の手順で得られた状態遷移図を**図 10.7**に示す。

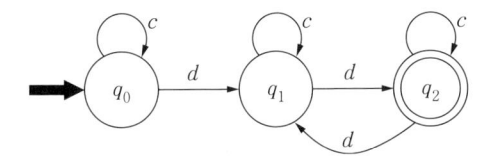

図 10.7 正規言語をチェックする状態遷移図例

つぎに，状態遷移図が与えられているときに，その有限オートマトンで受理される言語は何かを求めることを考える。いま，**図 10.8**に示すように，$S=\{q_0,\ q_1,\ q_2\}$，$I=\{a,\ b\}$，$F=\{q_1\}$ として，この有限オートマトンによって受理される言語は何かを求めよ。

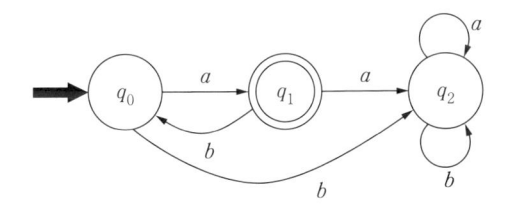

図 10.8 正規言語を求める状態遷移図例

いま，初期状態 q_0 から文字 a を入力すると状態 q_1 に，文字 b を入力すると状態 q_2 に遷移する。状態 q_2 では，入力文字に依存せず，そのまま状態は変わらない。そのため，終了状態に遷移することは不可能なので，入力する文字列の先頭は a でなければならないことがわかる。つぎに，状態 q_1 において，文字 a が入力されると q_2 に遷移してしまうので，文字 a が2回続けて入力されると終了状態にはならないことがわかり，文字 b を入力する。そのとき q_0 に遷移する。したがって，状態 q_0 と q_1 間を繰り返し遷移する文字列が正規言語の候補となる。例えば，aba，$ababa$，$ababab$，… である。これらを一般的な数式表現を利用すると，以下のように表現することも可能である。

$$L\ (M)=\{a(ba)^n\},\ (ただし，\ n=0,\ 1,\ 2,\ \cdots\ )$$

☆ 演 習 問 題 ☆

【10.1】 つぎのように定義される有限オートマトン（トランスデューサ）の状態遷移図を描け。

$A = \{a, b\}$, $B = \{x, y, z\}$, $C = \{1, 2\}$
$\phi(1, a) = 1$, $\phi(1, b) = 2$, $\phi(2, a) = 2$, $\phi(2, b) = 2$
$\lambda(1, a) = x$, $\lambda(1, b) = z$, $\lambda(2, a) = y$, $\lambda(2, b) = z$

【10.2】 0と1からなる語の1の数をチェックする機械（パリティ機械と呼ぶ）を考える。入力される1の個数が偶数のときは1を出力する簡単な有限オートマトンの状態遷移出力表と状態遷移図を描け。

【10.3】 26文字のアルファベットとスペースからなる英文を一文字ずつ読み込む。最後の文字が *ent* である単語には印をつける。このプロセスで定義される有限オートマトン（トランスデューサ）の状態遷移図を描け。

【10.4】 図10.8において，*ab*, *abbb*, *abab* は正規言語かどうか確かめよ。

【10.5】 入力アルファベット $I = \{a, b\}$ で，入力語のうち，b の数が3の倍数の入力語のみ受理する有限オートマトンの状態遷移図を描け。

11 システム制御の基本となる線形システムモデル

11.1 線形システムモデルとは

線形システムモデルとは，1階連立線形微分方程式で表された状態モデルで，おもに力学，電磁気学などの物理学の対象の記述にとって有効であり，工学的なシステム動作の制御に利用する際の基本的なモデルであるといえる[34]。線形システムモデルは，**図 11.1** に示すように，基本的な形態は入出力システムモデルと同様であり，入出力システムモデルの「変換」部分が線形の性質を持つということである。ここでは，入力集合は $X(t)$ という時間とともに変化するものとし，出力集合 $Y(t)$ もその時間に対応し，変化する。さらに，システム L が線形であるとは，以下の関係が成り立つことと定める。

```
┌─────────┐     ┌─────────┐     ┌─────────┐
│ 入力集合: │ ──→ │線形システム:│ ──→ │ 出力集合: │
│  X(t)   │     │    L    │     │  Y(t)   │
└─────────┘     └─────────┘     └─────────┘
```

図 11.1 線形システムモデル

図 11.1 に示す線形システムモデルにおいて，入力集合 $X(t)$ の要素 $x_1(t)$ の出力を出力集合 $Y(t)$ の要素 $y_1(t)$ とし，$x_2(t)$ の出力を $y_2(t)$ とする。このとき，入力 $x_1(t)+x_2(t)$ としたときの出力が $y_1(t)+y_2(t)$ になることを線形という。例えば，線形システム L を「学校」と考える。A君が入力（就学前）され，出力（卒業）される学校システムと考えると，B君に対しても同様といえる。同時に（A君もB君も）入力しても，出力はやはりそれぞれの結果を足したもの（A君，B君ともに卒業という状態）になることがわかる。一方，線形システムでない例には，アイスクリームのようなものが考えられる。

11. システム制御の基本となる線形システムモデル

すなわち、卵と生クリームを別々に冷蔵庫に入れて、冷やしても、出力されるものは卵と生クリームが個々に冷えたものであるが、これを混ぜ合わせて（卵＋生クリーム）、冷蔵庫に入れて冷やすとアイスクリームになり、もとの入力と出力の対応が困難になる。式で表現すると線形システム L は、式 (11.1) のように表現できる。

$$L(x_1(t)) + L(x_2(t)) = L(x_1(t) + x_2(t)) = y_1(t) + y_2(t) \tag{11.1}$$

それでは、ここで線形システム L はどのようなものであるか、その典型的な例を以下に示す。

定数倍システム：図 11.2（a）に示すとおり、ある時間 t に対して、$x(t)$ が与えられると、その a 倍の曲線が $y(t)$ になるシステムである。

$$y(t) = ax(t) \tag{11.2}$$

遅延システム：図（b）に示すとおり、ある時間 t に対する時間 T の分だ

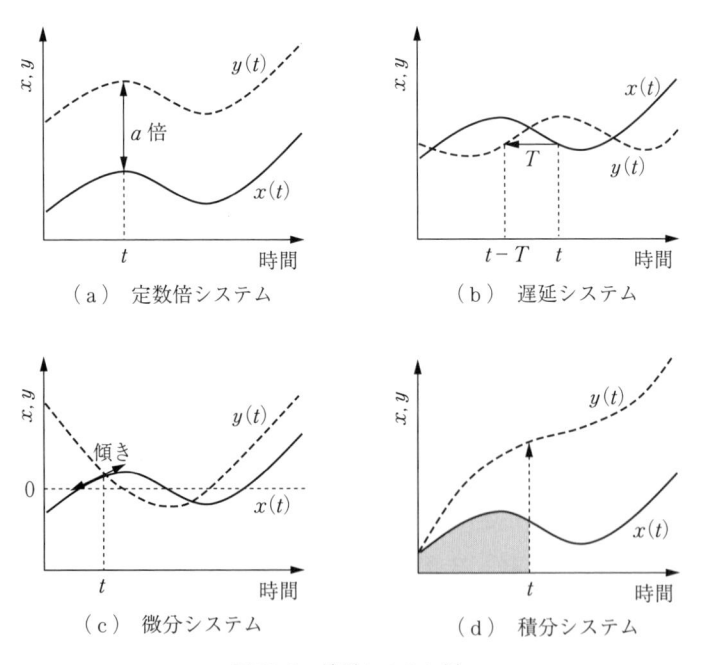

（a）定数倍システム

（b）遅延システム

（c）微分システム

（d）積分システム

図 11.2　線形システム例

け以前の時刻の値 $x(t-T)$ を $y(t)$ とするシステムである．この場合は，$y(t)$ の曲線の挙動は，$x(t)$ の曲線が T 時間だけずれて現れることがわかる．

$$y(t) = x(t-T) \tag{11.3}$$

微分システム：図（c）に示すとおり，ある時間 t に対する $x(t)$ の傾きが $y(t)$ となるシステムである．

$$y(t) = \frac{dx(t)}{dt} \tag{11.4}$$

積分システム：図（d）に示すとおり，時間 0 から t までの $x(t)$ の面積を $y(t)$ に対応させるシステムである．

$$y(t) = \int_0^t x(\tau) d\tau \tag{11.5}$$

以上四つの例は式（11.1）の線形システムの性質を満足している．例えば，定数倍システムでは，入力として，$x_1(t)$ と $x_2(t)$ を与えると，式（11.6）のように確かめることができる．

$$\begin{aligned} L(x_1(t)) + L(x_2(t)) &= ax_1(t) + ax_2(t) \\ &= y_1(t) + y_2(t) \\ &= a(x_1(t) + x_2(t)) \\ &= L(x_1(t) + x_2(t)) \end{aligned} \tag{11.6}$$

遅延，微分，積分システムも同様の関係が成立することを確かめてみるとよい．

また，線形システムの間にはつぎの関係が成り立っている．

① 線形システムを有限回多重操作したものも線形である．すなわち，3種類の異なる線形システム L_i, L_j, L_k があったとすると，入力集合 $X(t)$ の要素 $x(t)$ に対して，どの順番で操作を施そうとも，式（11.7）のとおり，必ず出力集合 $Y(t)$ の要素 $y(t)$ になるということである．

$$y(t) = L_i(L_j(L_k(x(t)))) \tag{11.7}$$

② 線形システムの結果を加算しても線形であり，式（11.8）のように表

される。これは，もともと一つの線形システム（例えば，L_i）に限れば明らかなので，それの加算操作は説明するまでもないと思われる。

$$y(t) = L_i(x(t)) + L_j(x(t)) + L_k(x(t)) \tag{11.8}$$

③　線形システム操作 L に対して，逆操作（L^{-1}）が可能ならば，それは線形システムであり，式（11.9）のように表される。証明は読者自身で確認をするとよい。

$$L(y(t)) = x(t) \Leftrightarrow y(t) = L^{-1}(x(t)) \tag{11.9}$$

線形システムモデルは，扱いが容易で，シンプルなので，要因間の関係を把握しやすい。この線形システムモデルが，物理的対象に対して厳密でないにも関わらず，扱われる理由として，以下のようなものが考えられる。

理由1：厳密な物理的対象は，非線形であるため，非線形なモデルで表現するのが望ましいと考えられるが，必ずしも適切な分析ができるとは限らない。例えば，気象のメカニズムを解明するため，気象システムをモデル化することを考える。一般に気象を変化させる要因として，太陽の動き，水温や地球表面の対流などさまざまなものが考えられる。水温の上昇や温暖化といったものは，何が原因で発生するかを掘り下げ，一人ひとりの人間行動までを詳細に記述したモデルで表したとする。その中には，大きな影響を与える要因もあれば，ほとんど影響のない要因もある。これらを同一に扱っても，本質的な分析ができるかどうかは期待できない。そこで，シンプルなモデルにして考えるのが望ましいことを意味している。

理由2：モデルの挙動が限られた領域で有効である場合，その領域の中心の周り（近傍）で線形化することで実用的に十分意味のあるモデルとなる。例えば，宇宙から地球を見ると球体であるが，普段われわれが生活をしている中では，そのような球体を意識せず，むしろ平坦なものとして捉えている。ここで何か建物を建てるときに，球体を意識したつくりにはせず，平坦であるとして検討すると思う。このように全体として見ると複雑な挙動を示すシステムも，ある領域内では線形として捉えることができること

が多いといえる。

理由 3：一般の物理現象を表す非線形システムモデルを構築したとしても，その解析は技術的に線形システムモデルの解析より困難であることが多い。そのため，以前は検討を進めることができなかったので，線形システムモデルによる近似をした。ただし，近年，計算機能力の向上に伴い，コンピュータシミュレーションという手法を利用して非線形モデルでも検討を進めることができるようになった。

11.2 常微分方程式系によるモデル表現

線形システムモデルの基本的な枠組みは，入力集合，出力集合，システムがそれぞれ線形空間で，出力関数が線形関数で表現されることである。通常，微分方程式や差分方程式で表されることが多い。

前節で，線形システムモデルは，1階連立線形微分方程式で表現されると述べた。微分方程式の一般論に関する説明は文献[35]を参考にしてほしいが，まず微分方程式とは，与えられた関数とその導関数の関係式として表現される方程式である。物理法則を表現する方程式として利用されている。例えば，古典力学におけるニュートンの運動方程式では，質点の質量を m，質点の速度を v，質点に加わる力を F，時間を t とすると，力 F は加速度 dv/dt に比例するので，式 (11.10) で表される。

$$F = m \frac{dv}{dt} \quad (ただし，m は定数) \tag{11.10}$$

式 (11.10) は，速度 v に関して，一度 t で微分していることから，1階微分方程式であるといえる。ちなみに，ここで質点の位置を r とすると，速度は dr/dt で，加速度は d^2r/dt^2 で表されるので，式 (11.11) のように表現できる。

$$F = m \frac{d^2 r}{dt^2} \tag{11.11}$$

これは，r に関して，二度 t で微分していることから，2階微分方程式であ

るといえる。

つぎに，線形微分方程式とは，以下の表現が可能な式をいう。

$$\frac{dx}{dt}+A(t)x=B(t) \quad (ただし，A(t)とB(t)は既知の関数とする)$$
(11.12)

$$\frac{d^2x}{dt^2}+A(t)\frac{dx}{dt}+B(t)x=C(t) \quad (A(t), B(t), C(t)は既知の関数)$$
(11.13)

式 (11.12) は1階線形微分方程式，式 (11.13) は2階線形微分方程式である。また，連立微分方程式とは，与えられた関数が1個ではなく複数個ある場合を指す。例えば，式 (11.12) において，変数 x が1個ではなく，x_1 と x_2 の2個ある場合，式 (11.12) は以下のように記述される。

$$\frac{dx_1}{dt}+A(t)x_1=B(t) \tag{11.14}$$

$$\frac{dx_2}{dt}+A(t)x_2=B(t) \tag{11.15}$$

これで，1階連立線形微分方程式の概要は理解できたと思う。さらに，常微分方程式とは，連立微分方程式の中で，おのおのの微分方程式が一変数の導関数として表現されるものである。式 (11.10) 〜 (11.15) はすべて常微分方程式である。高階の常微分方程式は，一見線形ではないように見えるが，式を変形することにより線形モデルとして扱うことができる。ここでは，単振動モデルを例として説明する。

図 11.3 に示すとおり，m を物体の質量，k をばね定数，x を外力，y を物体の変位と定める。そのとき，運動方程式から物体の運動は以下の式に従う。

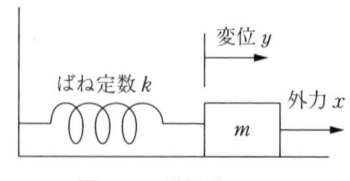

図 11.3 単振動モデル

$$m\frac{d^2y}{dt^2} = x - ky \tag{11.16}$$

x と y との間に,力 x を加えたら変位 y が生じたという因果関係がある.変位 y と速度 dy/dt をそれぞれ状態量 z_1, z_2 とする.すなわち

$$\begin{cases} z_1 = y \\ z_2 = \dfrac{dy}{dt} \end{cases}$$

となる.ここで,式 (11.16) を書き直すと式 (11.17) のようになる.

$$m\frac{dz_2}{dt} = -kz_1 + x \tag{11.17}$$

z_1, z_2 と式 (11.17) を合わせて行列表現をすると,以下のようになる.

〈状態遷移方程式〉

$$\frac{d}{dt}\begin{pmatrix} z_1 \\ z_2 \end{pmatrix} = \begin{pmatrix} 0 & 1 \\ -k/m & 0 \end{pmatrix}\begin{pmatrix} z_1 \\ z_2 \end{pmatrix} + \begin{pmatrix} 0 \\ 1/m \end{pmatrix}x \tag{11.18}$$

〈出力方程式〉

$$y = \begin{pmatrix} 1 & 0 \end{pmatrix}\begin{pmatrix} z_1 \\ z_2 \end{pmatrix} \tag{11.19}$$

〈状態ベクトル〉

$$Z = \begin{pmatrix} z_1 \\ z_2 \end{pmatrix} \tag{11.20}$$

ベクトル形式で表現すると,式 (11.18) は式 (11.21) のようになり,1階線形常微分方程式に変形できる.

$$\frac{dZ}{dt} = KZ + Lx \tag{11.21}$$

別の例として,入力電圧を $u(t)$,コンデンサの電圧とコイルの電流をそれぞれ $v(t)$, $i(t)$ とすると,電気回路を記述する方程式[36] は,式 (11.22) となり,線形システムとして表現できる.

$$\begin{cases} C\dfrac{dv(t)}{dt} = i(t) \\ L\dfrac{di(t)}{dt} + Ri(t) + v(t) = u(t) \end{cases} \quad (11.22)$$

ほかにも,台車の位置制御システム[34]など多数の応用がある.

11.3 線形システムの性質

線形システムにおいて,時刻 $t=0$ における初期状態 C_0 から,ある時刻 t までに入力 x があったときの状態遷移を,$C(t) = \phi(C_0, x)$ と表記する.ここで ϕ は状態遷移関数である.二つの初期状態 C_0 と C'_0 から,それぞれに入力 x と x' があったときの状態遷移を $C(t) = \phi(C_0, x)$ と $C'(t) = \phi(C'_0, x')$ としたときに,状態遷移関数 ϕ の任意の実数 α,β について,$\alpha C(t) + \beta C'(t) = \phi(\alpha C_0 + \beta C'_0, \alpha x + \beta x')$ が成り立つ.すなわち,二つの初期状態と入力を加算して得られる初期状態と入力の組に対する応答は,各組に対する応答の和に等しい性質が得られる.これを**重ね合わせの原理**という.

重ね合わせの原理の適用例として,例えば,音色を例に説明する.音は音波として伝わることはよく知られているが,音波の山から山(もしくは谷から谷)の長さを波長という.一般に,この波長の長さが長くなると低い音になり,短くなると高い音になる.ただ,同じ高い音でも,ピアノとギターの音色は違うことがわかる.これは,波長の長さ(周波数)が同じであっても,波形が違うことに由来する.音の波形をフーリエ変換(もとの波を振動する基本波の要素に分解できるという性質,詳細は文献 [37] などを参照のこと)すると,**図 11.4** に示すように,周波数成分に分解できる.すなわち,ほぼすべての波形は,整数分の 1 の周期を持つ正弦波の重ね合わせにより表現可能となることがわかっている.これを音のスペクトルと呼び,スペクトルの違いが波形の違いとなり,さまざまな音色を表現している.線形システムでは,一定の周波数成分を持つ正弦波を入力すると,その出力も同じ周波数の正弦波になる.

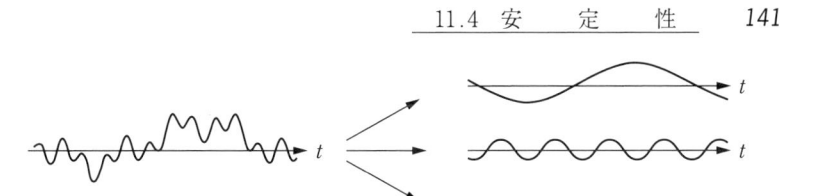

図 11.4 重ね合わせの原理

電子的な手法により音楽を合成する楽器，シンセサイザーは，まさにこのさまざまな波長を重ね合わせ，種々の波形を作り出すことによって，さまざまな楽器の音色を生成している．基本となるのは，倍音加算合成という技術であり，一般に K 個の振幅 $r_1(t)$, …, $r_K(t)$ に対して，合成された波形の出力は式（11.23）で与えられる．

$$X(t) = \sum_{i=1}^{K} r_i(t) \cos(2\pi i f_0 t + \phi_i) \tag{11.23}$$

（f_0 は基本周波数，ϕ_i は一つの周期中の位置を示す位相）

もう一つ線形システムの性質として，観測の開始時刻によらず，観測を開始したときの状態と，それから先の入力が同じならば応答が同じにあるシステムまたはその状態が生じる．この性質を**定常性**という．例えば，高速道路を橋の上から観測していると，車が通過する台数は，朝は通勤時間帯のラッシュで多いが，昼間は少ないといったように時間帯により状態は変化するが，定常性の場合は，いつ観測しても同じ状態にあることを指す．

11.4 安定性

つぎに線形システムにおける解の安定性について説明する．一般に物理系や人間活動システムなどは，初期状態から時間が十分に経過した後，どのような状態になるか（すなわち，初期状態から離れて，別の状態にいくのか，初期状態から近い所に落ち着くのかといったこと）を知ることが重要である．ここでは，まず解の安定性を考えるうえで重要な**平衡点**とは何かを述べる．

平衡点とは，微分方程式 $dx/dt = f(x)$ が与えられたとき，$f(E) = 0$ を満足する点 E のことをいう．この平衡点には以下に示すとおり，安定な平衡点，**漸近安定**な平衡点，不安定な平衡点の3種類がある．

安定な平衡点：平衡点の近傍から出発するいかなる状態遷移も平衡点の近傍に存在し続ける挙動を生じさせる平衡点のことである．図 11.5（a）に示すように，平衡点の周りの点は，平衡点から離れない状態を作ることができる．例えば，太陽を中心とした惑星の軌道などがこれに相当する．数学的な表現を利用すると以下のようになる．

（a）安定な平衡点　（b）漸近安定な平衡点　（c）不安定な平衡点

図 11.5　平衡点近傍の挙動分類

初期値 $x(0)$ を有する時間 t の解を $x(t)$ とする．そのとき $\forall \varepsilon > 0$ に対して，$\exists \delta > 0$ が存在して，$|x(0) - E| < \delta$ を満足する $x(0)$ を初期値とするどのような解も，$\forall t > 0$ において，$|x(t) - E| < \varepsilon$ が成り立つ．

漸近安定な平衡点：特に $t \to \infty$ のとき状態遷移が平衡点 E に限りなく近づく状態を生じさせる平衡点のことである．図（b）に示すような挙動を指す．例えば，ブラックホールに光が吸い込まれるような状態に相当する．数学的な表現を利用すると以下のようになる．

$\forall \varepsilon > 0$ に対して，$\exists \delta > 0$ が存在して，$|x(0) - E| < \delta$ を満足する $x(0)$ を初期値とするどのような解も，$\forall t > 0$ において，$\lim_{t \to \infty} |x(t) - E| = 0$ が成り立つ．

不安定な平衡点：平衡点の近傍から出発しても一定の時間が経つと平衡点の近傍から離れていく状態遷移を生じる平衡点のことである．図（c）に示すように，漸近安定な平衡点とは逆の挙動を示す．例えば，丘の上にボー

ルが静止しているとする。ボールは風が吹くことにより、少し中心（平衡点）からずれ、坂を転がり、ふもとまでたどり着くといった挙動では、丘の上の平衡点は不安定な平衡点であるといえる。

ここで、1階連立線形微分方程式を利用して、平衡点の例を説明する。有名な捕食者と餌食の個体数の関係を取り上げる。鹿の個体数を x、オオカミの個体数を y とする生態系を考える。オオカミは鹿を食べて生きていく。鹿の個体数の増加率はその個体数とオオカミの個体数に依存する。したがって、オオカミの個体数が多いと餌食になる鹿が増え、鹿の個体数は減少する。一方、オオカミの個体数が少ないと、繁殖率の大きい鹿の個体数は増加する。また、オオカミも同様に、自身の個体数と鹿の個体数に依存する。鹿を食べすぎて、餌が少なくなると飢餓が起こり、オオカミ自身の個体数は減少する。オオカミの個体数が減ると、餌食になる鹿の個体数は増えることによりオオカミの個体数も増える。x と y の数は以下の式で表すことができる（ボルテラの方程式）。

$$\frac{dx}{dt} = (a_1 - b_1 y)x \tag{11.24}$$

$$\frac{dy}{dt} = (-a_2 + b_2 x)y \tag{11.25}$$

ここで、a_1, a_2, b_1, $b_2 > 0$　$dx/dt = dy/dt = 0$ となる (x, y) の解、すなわち平衡点を求める。平衡点は2組あり、$(x, y) = (0, 0)$、$(a_1/b_1, a_2/b_2)$ である。

① $(x, y) = (0, 0)$ の場合

・$x = 0$, $y > 0$ のとき

$$\frac{dx}{dt} = 0, \quad \frac{dy}{dt} = -a_2 y$$

となり、$y = y_0 e^{-a_2 t}$ となり、y は平衡点に近づく。

・$x > 0$, $y = 0$ のとき

$$\frac{dx}{dt} = a_1 x, \quad \frac{dy}{dt} = 0$$

となり，x は指数関数的に増大し，平衡点から遠ざかる。したがって，$(0, 0)$ は不安定な平衡点であるといえる。

② $(x, y) = (a_1/b_1, a_2/b_2)$ の場合

近傍の初期値から出発した点は，必ず近傍に存在することがわかる。したがって，$(a_1/b_1, a_2/b_2)$ は安定な平衡点であるといえる。なお，ボルテラの方程式の挙動の詳細については，文献 [38] を参照されたい。

11.5 線 形 化

一般に物理現象の多くは非線形である。11.1節でも述べたように，線形で扱うメリットがあるため，線形システムモデルを作成するのだが，その意味は，平衡点の周りにおける微小な変動を近似することを対象としている。前節では，微分方程式 $dx/dt = f(x)$ の $f(x)$ は線形ということを暗に仮定していたが，ここでは，その仮定をはずして $f(x)$ は非線形だとする。2変数 x_1，x_2 を用いて，式（11.26）を考える。

$$\frac{d}{dt}\begin{pmatrix} x_1 \\ x_2 \end{pmatrix} = \begin{pmatrix} x_2 \\ -6x_1 - x_2 - 3x_1^2 \end{pmatrix} \tag{11.26}$$

この式の平衡点を求めると，$(x_1, x_2) = (0, 0)$，$(-2, 0)$ となる。例えば，x_1 と x_2 の範囲を適当に設定し，その範囲でコンピュータプログラムにより計算させると図 11.6 に示すようなグラフが得られる。いくつかの初期値から出発した挙動を示しているといえる。図 11.6 からわかるとおり，$(0, 0)$ は安定な平衡点であり，渦巻き状に挙動することがわかり，$(-2, 0)$ は不安定であることがわかる。

さらに，平衡点の周囲の動きは式（11.26）の右辺を微分してヤコビ行列を作ると

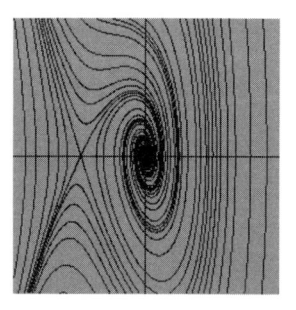

図 11.6 平衡点近傍の挙動例

$$\begin{pmatrix} 0 & 1 \\ -6-6x_1 & -1 \end{pmatrix} \tag{11.27}$$

となり，おのおのの平衡点での値を代入してできた行列を A_1, A_2 または，$X = (x_1, x_2)$ とすると，平衡点 (0, 0) の周りでの挙動は $dX/dt = A_1 X$ の原点での挙動に，(-2, 0) の周りでの挙動は $dX/dt = A_2 X$ の原点での挙動に似ていることがわかる。

以上述べたのが，平衡点を利用した**線形化手法**である。したがって，平衡点を見つけ，その周りを解析することは重要なことがわかる。

☆ 演　習　問　題 ☆

【11.1】 長さ l，質量 m の単振り子の鉛直下向きからの角度を θ とする以下の運動方程式（厳密には，安定な平衡点の周りの部分で線形化の近似を行っている。正確には，左辺第3項は $k \times \sin\theta$ である），11.2節で述べたように行列表現の状態遷移方程式に変形し，線形システムモデルであることを確かめよ。

$$\frac{d^2\theta}{dt^2} + c\frac{d\theta}{dt} + k\theta = 0, \quad ここで\ c = \frac{\gamma}{ml^2},\ k = \frac{g}{l} \tag{11.28}$$

ここで，γ は粘性抵抗係数，g は重力加速度とする。

【11.2】 入力電圧 $u(t)$ とし，コイルと抵抗に挟まれたコンデンサの電圧を $v(t)$ で表す。そのときつぎの電気回路を記述する微分方程式を，11.2節で述べたように行列表現の状態遷移方程式に変形し，線形システムモデルであることを確かめよ。

$$L\frac{d^2 v(t)}{dt^2} + R\frac{dv(t)}{dt} + v(t) = u(t) \tag{11.29}$$

ここで，L, R はそれぞれコイルのインダクタンス，抵抗である。

【11.3】 式 (11.30) に示す線形微分方程式の平衡点は，安定か漸近安定か不安定かを確かめよ。

$$\frac{dx}{dt} = t - tx \tag{11.30}$$

12 不確実性を考慮した意思決定システムモデル

12.1 目標追求型意思決定システムモデル

意思決定は人間の複雑な活動である。そのため，さまざまな分野で検討がなされている。本書では，目標を追求する合理的な意思決定のメカニズムに焦点をあてて，解説していく。意思決定システムの基本要素は，意思決定者が意思決定をするプロセスを表現した意思決定者のシステムと，意思決定を行う対象システムから構成される。この意思決定者のシステムと対象システムを組み合わせることにより，**意思決定システムモデル**を構築することができる。意思決定システムモデルに関する主要な問題には，以下のものが挙げられる。

① 意思決定者は，合理的な意思決定を行うために目標を追求する。そのため，目的関数をどのように設定するかが問題となる。また，意思決定の結果がよかったのか悪かったのかを評価するための望ましさの表現も必要である。さらに，望ましい結果をいかに見つけるかも問題となる。

例えば，ある企業では赤字続きの業績状態であるとする。この赤字体質を改善するという目標に対して，どのような目的関数を設定したらよいかを考えなければならない。収入増を見込むのであれば，新商品の開発や企業提携によるサービス拡大であったり，人員削減や組織の統廃合といった支出削減が施策となる。仮に収入増を目標関数として設定した場合に，それに沿った施策の評価をどのように判断するか，売上高で評価するのか，開発費用などを含めた最終利益で評価するのかなどを決めなければならない。実際には，このような問題を関係者間でよく議論して，あるコンセンサスを得るプロセスが必要となる。

12.1 目標追求型意思決定システムモデル

② 意思決定の対象システムをどのようにモデル化するかが問題となる。一般に基本的な入出力システムにおけるプロセスは，入力されたものを変換し出力する。例えば，大学システムは，プロセスとして，専門教育を行うことと捉えると，意思決定者が行う操作は，学生に対して「論述課題を出すこと」や「最新の論文を熟読させること」などが対象となるが，就職養成機関と捉えると，操作は「グループディスカッションの機会を与えること」や「プレゼンテーションスキルを高めること」などが対象となる。このように，対象システムをどのように捉えるかで，操作が違ってくるので，注意を要する。

③ 意思決定では，外部入力をいかに扱うかが鍵で，これは意思決定原則の問題となる。外部入力は，自分が思ったとおりの情報が入力される場合もあるが，入力されない場合もある。例えば，明日の天気により行動を決めなければいけない場合などは，天気予報による情報をもとに判断したり，個人の独断で決めたりと，意思決定の結果は必ずしも同じではないということである。

以上の点に注意し，目標追求型意思決定システムモデルを示したのが図 12.1 である。外部入力 x がプロセスにより出力 y に変換する部分は，入出力システムモデルそのものである。これに対して，意思決定者が目的 G に従って，意思決定操作 m をプロセスに施すのが基本形態である。この意思決定者が操作を判断するに際しては，外部入力から予測・推定による検討情報 x' を

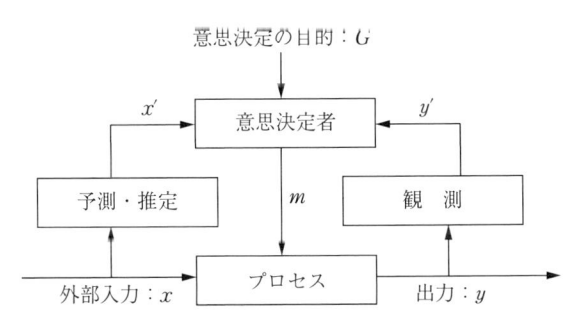

図 12.1 目標追求型意思決定システムモデル

もとに，さらには出力結果を観測した情報 y' をもとに決定するメカニズムとなっている．一般に X を外部入力の集合，M を操作変数の集合，Y をプロセスの出力集合としたとき，プロセスと意思決定の目的は，以下の式で表現される．

(プロセス)　　　　　$P: M \times X \to Y$

(意思決定の目的)　$G: M \times X \times Y \to R$

ここで，R は目的を最大にする値，すなわち指標値の集合である．一般には，評価可能とするため，定量的な指標であることが多く，実数集合が用いられる．

【例 12.1：通勤ルートの意思決定の例】　自宅から職場まで自家用車で通勤している状況を考える．高速道路を利用するものと一般道路を利用する二つのルートがあるとする．おのおののルートを利用する際に，渋滞かどうかによって目的地までの所要時間が異なる．渋滞がない場合には，高速道路を利用するほうが最短時間で行けるが，渋滞している場合は，一般道路を利用したほうが早いという状況を考える（**表 12.1**）．

表 12.1　意思決定システムモデル例

	渋滞なし	渋滞あり
高速道路を利用	1 時間 （最短時間で到達可能）	5 時間
一般道路を利用	2 時間	3 時間

【考え方】　意思決定システムモデルにおのおのの変数を対応させると以下のようになる．
- 外部入力：$X = \{$ 渋滞なし，渋滞あり $\}$
- 意思決定の操作変数：$M = \{$ 高速道路を利用，一般道路を利用 $\}$
- プロセスの出力：$Y = \{1$ 時間, 2 時間, 3 時間, 5 時間 $\}$
- プロセス $P: M \times X \to Y$
- 意思決定の目的 $G: M \times X \times Y \to R$（この部分は，例えば目的地に着く時間によって得られる利益が異なるとした場合，自分が評価する指標値を最大にする操作 $m \in M$ を選択することを意味している．）　　　　　◇

12.2 不確実性とは

前節では,外部入力をいかに扱うかが鍵であることを述べた。すなわち,外部入力がどの程度確からしいものなのかによって,意思決定する操作が異なってくる。これが意思決定原則につながるのだが,本節では,その前段として,意思決定を左右する物事の**不確実性**に対する程度を説明する。不確実性とは,読んで字のごとく,確実にはわからない状況である。しかし,この確実にわからない状況にもさまざまな程度があることを理解する必要がある[27]。

確実性:あることが確実に起こることがわかっていること。例えば,×月×日に試験があるとか5分後の天気は晴れだというように,ほぼ100％の事象ということである。この場合の意思決定は簡単であるといえる。

経験的確率(リスク):どんなことが起こり得るかはわかっているが,そのどれが起こるかはわからない。しかし,それぞれがどのくらいの割合で起こるかわかっている場合を指す。例えば,サイコロを振って,どの目が出るかもこれに相当する。1〜6のいずれかの目が出ることはわかっているが,どの目が出るかはわからない。しかし,どの目も確率は6分の1であるということである。

真の不確実性:どんなことが起こり得るかはわかっているが,そのどれが起こるかはわからない。また,そのそれぞれがどのくらいの割合で起こるかわからない場合を指す。経験的確率と異なる点は,各事象の発生する確率がわからないことである。

不知の不確実性:どんなことが起こり得るかのすべてを挙げられない場合を指す。例えば,最近の通信網がこの状況に陥りつつある。トラヒックが急増し,通信網がパンク(処理しきれなくなる)する輻輳[10]には,自然災害などによる見舞い呼の増加やチケット予約による一斉発呼などがあるが,番号ポータビリティにより,どの通信会社と契約しても同じ電話番号を利用できることや,スマートフォン利用の増大による予想外のトラヒッ

150   12. 不確実性を考慮した意思決定システムモデル

ク増加が原因となることもある。

無　知：どんなことが起こり得るかがまったくわからない場合を指す。例えば，宇宙全体の構造を考えたとき，ハッブル以来，宇宙膨張説が浸透している。毎日宇宙は風船のようにどんどん膨張しているのである。これはどこまで続くのであろうか。またその後に何が待ち受けているのであろうか，これはいまだに解明されていない。こういった状況にある場合である。

以上，述べた不確実性の程度により意思決定案が当然変化する。このように通常の意思決定は，不確実な環境，手段と結果の関係が不確実である状況の中で，複数の選択可能な代替手段の中から，目的に応じて選択された判断基準に従って選ぶことであるといえる。

12.3　効　用　関　数

意思決定においては，その結果がよいものでなければならない。わざわざ結果がよくない意思決定を選択する人はいないだろう。この意思決定の結果として得られる満足度合いを効用という。ミクロ経済学[39]では，人が財（商品やサービス）を消費することで得られる満足の水準として表される。したがって，この場合は，満足感の高い商品と低い商品があれば，当然高い満足感が得られる商品を購入する。ここで注意しなければいけないのは，満足感の高い商品は一般に金額も高い。そのため，満足感が高いからといって，家の購入に比べて，缶ビールを購入することは，満足感が低いという短絡的な結果に一概にはならない。よく考えると，自分が購入できる金額の限界が現実的にはある。さらに，その状況で，のどが非常に乾いている状態であれば，家を購入するよりは缶ビールを購入するほうが満足感が高くなるからである。

効用については，合理性の仮定のもとに，定量的な目的関数の設定のために利用される概念である。そこでは**効用関数**なるものが用いられる。効用関数は選好関係に依存して設定される。

【例 12.2：コイン投げによる意思決定の例】　例えば，二つの選択肢 A，B

があり，選択肢 A を選ぶと，コインを投げて表が出れば 800 円，裏が出れば 300 円もらえ，選択肢 B を選ぶと，表が出ても裏が出ても 500 円もらえるという状況を考える（**表 12.2**）．

表 12.2 選択肢と獲得額

	表	裏
選択肢 A	800 円	300 円
選択肢 B	500 円	500 円

【考え方】 おのおのの選択肢の期待値を単純に計算すると以下のようになる．

選択肢 A の期待値：$800 \times 0.5 + 300 \times 0.5 = 550$ 円

選択肢 B の期待値：$500 \times 0.5 + 500 \times 0.5 = 500$ 円

単純に期待値から判断すると，選択肢 A を選ぶのが望ましいように思えるが，人の意思決定はそれほど単純ではない．その人の置かれた状況で，仮にいまどうしても 500 円が必要な場合には，確実に 500 円を獲得できる選択肢 B を選択するのである．すなわち，単純な金額の期待値の大小が必ずしも意思決定者の選好を反映しているとは限らないということである．そのため，ここでは効用関数という考え方を導入する．例えば，500 円に足りない場合は，満足感は得られない，すなわち効用関数 $u(x)$ について

$$u(x) = \begin{cases} 0, & \text{ただし}, \ 0 \leq x < 500 \\ x, & \text{ただし}, \ 500 \leq x \end{cases}$$

となるので，これを効用の期待値として計算すると，以下のようになる．

選択肢 A の効用の期待値：$u(800) \times 0.5 + u(300) \times 0.5 = 400$ 円

選択肢 B の効用の期待値：$u(500) \times 0.5 + u(500) \times 0.5 = 500$ 円

この例が示すように，一般に単純に金額の期待値で選好関係が決まることもあるが，そうでない場合というのは，効用関数によって選好関係の順序を表すことができるといえる． ◇

つぎに限界効用について説明する．通常，自分の選好の商品を購入すると満足感が高くなるが（効用が高い），だからといって，より多くの商品を購入すると満足感がさらに増えていくかというとそうではない．例えば，夏の暑い日にのどが渇いてビールを一杯飲みたいと思ったとする．1 杯目は非常に満足感が得られるわけである．2 杯目は満足感が得られるが，1 杯目ほどではない．3

杯目も満足感は得られるが，2杯目ほどではない。といったように，杯数を重ねるごとに，満足感の増加率は減少していく。その人のアルコール許容量にもよるが，あるところでそれ以上は飲めないという状況になり，もし飲まなければいけない状況であれば，それがかえって苦痛になり，満足感が減少するという状況になる。これを表したのが，**図 12.2** である。図（a）では何杯飲むかで，その満足度（効用）がどのようになるかを表現している。図（b）は増分の推移を表している。このように，意思決定システムにおいては，単なる期待値ではなく，人間行動においては，効用を考慮して検討していく必要があるといえる。

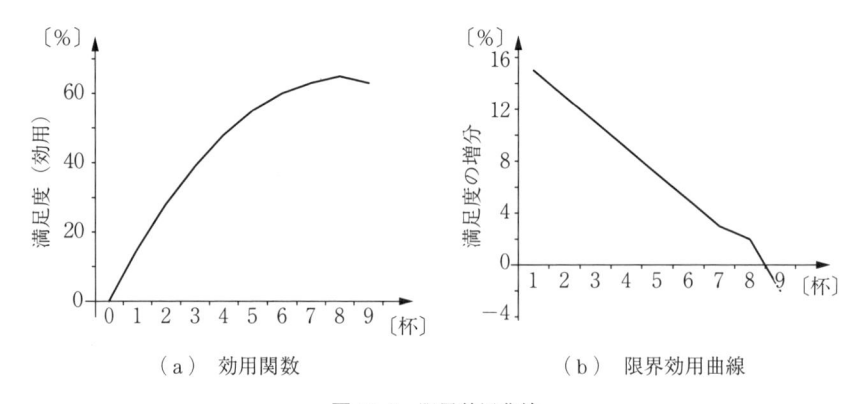

(a) 効用関数

(b) 限界効用曲線

図 12.2　限界効用曲線

12.4　意思決定原則

本節では，不確実下では，どのような判断を実施するかを分類するため，意思決定原則について説明する。まず，確実下での意思決定は，例 12.1 では，外部入力が，「渋滞がないとわかっている場合」あるいは「渋滞があるとわかっている場合」の意思決定問題に相当する。ここでは，目的関数を最大にする操作変数の解を見つけるのが問題となり，決定論的意思決定問題という。これは，オペレーションズリサーチの各手法（線形計画法，ネットワーク理論な

12.4 意思決定原則

ど）による解決が有効である[40]．例 12.1 では，渋滞がないとわかっていれば，高速道路を利用する．渋滞があるとわかっていれば，一般道路を利用する．より複雑な問題設定に対しては，数理計画法の研究領域でおもに扱われる．

つぎに，リスク下での意思決定は，例 12.1 で，外部入力に対する確率分布が与えられているときの意思決定問題に相当する．すなわち，渋滞が発生する確率分布が既知の場合に相当する．このときには，目的関数を効用関数としていかに表現できるかが問題となる．意思決定の原則は効用最大化原理が使われる．これをベイズ意思決定という．前節で述べた効用関数を利用して，高速道路を利用するのがよいか，一般道路を利用するのがよいかを決めていく．

最後に，不確実下での意思決定は，外部入力集合のみが既知で，そのうえの確率が未知の場合の意思決定問題に相当する．例 12.1 では，渋滞があるかないかの状態が，どの程度の確率で発生するかはわからない状態である．この場合，意思決定のための原則をたてて解の意味を定めてから意思決定するので，**意思決定原則の基準**（ラプラス基準，ミニマックス基準，ミニミニ基準，ミニマックス後悔基準，ハーヴィッツ基準）が利用される．例 12.3 を利用して説明をする．

【例 12.3：寿司屋の仕入れに関する意思決定の例】 ある寿司屋では，ネタの新鮮さを売りに業績を伸ばしている．この寿司屋にとって唯一の悩みは天候によって，その日の売上げが大きく左右されることである．そのため寿司屋では，ネタを 100 食分仕入れるか，または 150 食分仕入れるかの決定を行いたい．晴れた場合には，仕入れた分がすべて売り切れる．曇りの場合には 90 食分売れ，雨の場合には 50 食分しか売れないことが経験的にわかっている．売価は 1 食あたり 1 000 円で，ネタの仕入れ値は 1 食 400 円とする．仕入れたネタの売れ残りはその日のうちに廃棄するものとする．このときの寿司屋の意思決定を考える．

【考え方】
（1）**モデル化する**：寿司屋のプロセスをまずはモデル化する．寿司を作り販売するプロセスの外部入力（天気，ネタ，仕入れ値）と出力（寿司，売上げ）

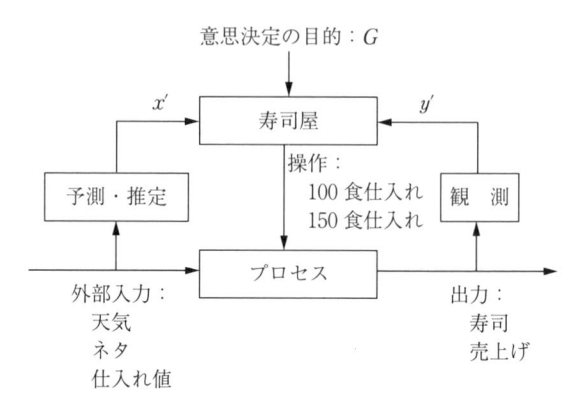

```
        意思決定の目的：G
                ↓
    x' →   [寿司屋]   ← y'
    ↑        操作：        ↑
[予測・推定]  100食仕入れ  [観 測]
    ↑       150食仕入れ    ↑
            [プロセス]
外部入力：              出力：
  天気                   寿司
  ネタ                   売上げ
  仕入れ値
```

図 12.3 寿司屋の意思決定システムモデル

は，図 12.3 に示すとおりである。

(2) **意思決定の結果を予測する**：天気と売上げとの関係を分析し，結果を予測する。この例では寿司屋は経験に頼っている。まず，寿司屋の利得行列と利益を**表 12.3** に示すように作成する。そのうえで，以下を考える。

表 12.3 寿司屋の利得行列と利益

(a) 利得行列

	晴れ	曇り	雨
100 食分	100 食	90 食 廃棄 10 食	50 食 廃棄 50 食
150 食分	150 食	90 食 廃棄 60 食	50 食 廃棄 100 食

(b) 利 益

	晴れ	曇り	雨
100 ($=m_1$)	6 万円	5 万円	1 万円
150 ($=m_2$)	9 万円	3 万円	-1 万円

① **確実下での意思決定例**：翌日の天気がわかっている場合，あるいは強く信じている場合に相当する。このとき，意思決定は目的関数の最大化問題となる。例えば翌日は晴れと信じていれば，意思決定は 150 食分仕入れることが利益最大の目的に適っている。

② **リスク下での意思決定例**：外部入力の集合 X に対する確率分布が与えられているとき，一定の合理性の仮定のもとに，結果の集合 A に対する効用関数 $G: A \to R$ が構成できる。そのとき，G の X に対する期待値を最大にする代替案が最も好ましい意思決定となる。すなわち，もし寿司屋の場合に，晴れ，曇り，雨の確率が，それぞれ 0.5，0.3，0.2 とわかっているとき，m_1（100 食分仕入れる），m_2（150 食分仕入れる）の期待値 E は，以下のとおりとなり，m_2 がこの基準下では最適となる。

$$E(m_1) = 60 \times 0.5 + 50 \times 0.3 + 10 \times 0.2 = 47$$

$E(m_2) = 90 \times 0.5 + 30 \times 0.3 + (-10) \times 0.2 = 52$

③ **不確実下での意思決定例**：外部入力の確率分布は，主観確率を利用したとしても，それを予測したり求めたりすることは容易でない．外部入力の確率分布がわからないときには，意思決定は不確実下で行われる．このとき利用される意思決定の原則は，意思決定者の意思決定に対する態度が反映される．

ラプラス基準：意思決定可能な操作の集合 $M = \{m_1, m_2, \cdots, m_m\}$ において，最適な意思決定操作 m_{opt} を以下により決定する．ただし，M における n 個の外部入力の集合を $X = \{x_1, \cdots, x_n\}$ とする．

$$\sup_{m_i \in M}\{E(m_i)\} = \sup_i \left\{\sum_k x_k \times \frac{r_{ik}}{n}\right\} \tag{12.1}$$

ここで，r_{ik} を入力 x_k に対して操作 m_i により得られる利得とする．式 (12.1) は，外部入力 x_k はすべて等確率で生じると考え，そのときの期待値を最大にする意思決定である．意思決定者の態度は，外乱に対し特に何の重みづけもされていない白紙の状態である．寿司屋の場合は，すべての天候事象が等確率なので，1/3 で発生すると考え，m_1 がラプラス基準下では最適となる．

$$E(m_1) = 60 \times \frac{1}{3} + 50 \times \frac{1}{3} + 10 \times \frac{1}{3} = 40$$
$$E(m_2) = 90 \times \frac{1}{3} + 30 \times \frac{1}{3} + (-10) \times \frac{1}{3} = 36.6$$

ミニマックス基準：最適な意思決定を以下により決定するのが，ミニマックス基準である．

$$m_{opt} = \sup_i \{\inf_k \{r_{ik}\}\} \tag{12.2}$$

式 (12.2) は，操作 m_i を与えたときに，入力 x_k による利得 r_{ik} を調べて，利得が一番少ないものを選択する．最後に，すべての操作を横断的に見て，利得の多い r_{ih} を選択するという考えである．この方法は，さまざまな意思決定の場面で合理的意思決定の基準として参照される．すなわち，最悪の場合を考えて，それを最小化する態度である．寿司屋の場合は，$\inf\{r_{1k}\} = 10$，$\inf\{r_{2k}\} = -10$ であるから，$\sup\{\inf\{r_{ik}\}\} = 10$ となり，m_1 がミニマックス基準では最適となる．すなわち，天気が悪くて損失が大きくなる最悪の場合は意思決定の結果を決定づける．

ミニミニ基準：最適な意思決定を以下により決定するのが，ミニミニ基準である．

$$m_{opt} = \sup_i \{\sup_k \{r_{ik}\}\} \tag{12.3}$$

ミニミニ基準は，ミニマックス基準とは逆に大胆な，あるいは楽観的な態度

を表している.すなわち,リスク最小の場合を想定し,そのもとで最適な解を選択する.目的関数の最大化を考えているときは,ミニミニ基準はマックスマックスと同等となり,最大の可能性の中の最大値を選択することになる.寿司屋の場合,sup{sup$\{r_{ik}\}$}=90 であり,m_2 が最適となる.よい天気の場合を考えた楽観的な意思決定となるといえる.

ミニマックス後悔基準:基本的な考え方はミニマックス基準と同様であるが,利得行列を利益そのものと捉えるのではなく,機会損失による後悔を対応させる最適意思決定である.

$$m_{\text{opt}} = \inf_i \{\sup_k \{\text{reg}\{r_{ik}\}\}\} \tag{12.4}$$

ここで,reg$\{r_{ik}\}$ は,リグレット関数であり,つぎのように表せる.

$$\text{reg}\{r_{ik}\} = \sup_i \{r_{ik}\} - r_{ik} \tag{12.5}$$

式 (12.4) のとおり,ミニマックス基準を改善しようとしたもので,機会損失を最小にしようとする.不確実性がよい結果をもたらす場合に,それを生かす意思決定をしていなかったときにある種の後悔がある.この後悔は,**表 12.4** に示すようにリグレット関数により表現される.

表 12.4 リグレット関数

	晴れ	曇り	雨
100 (=m_1)	3万円	0円	0円
150 (=m_2)	0円	2万円	2万円

代替案 m_1 を選択することは,晴れの場合の後悔が大きい.ミニマックス後悔基準のもとではこの後悔を最小化する m_2 が最適である.

ハーヴィッツ基準:最適意思決定を以下で決定する.ただし,$0 \leq \alpha \leq 1$ である.

$$m_{\text{opt}} = \alpha \times \sup_i \{\inf_k \{r_{ik}\}\} + (1-\alpha) \times \sup_i \{\sup_k \{r_{ik}\}\} \tag{12.6}$$

これは,楽観的な考えと悲観的な考えをある比率 α によって混合する方法である.α は悲観的な割合を表しており,α が大きいほど悲観的な意思決定をとる.すなわち,$\alpha=1$ のときはミニマックス基準,$\alpha=0$ のときはミニミニ基準になる.寿司屋の場合に,$\alpha=0.4$ のときは,**表 12.5** のようなハーヴィッツ値が得られる.このときハーヴィッツ基準のもとでは代替案 m_2 が最適である.

表 12.5　ハーヴィッツ基準

	inf	sup	ハーヴィッツ値
100 ($=m_1$)	1万円	6万円	4万円
150 ($=m_2$)	−1万円	9万円	5万円

$\alpha = 0.4$

◇

12.5　不確実性回避の行動

　意思決定の行動は人間行動がもとになっているため，状況に応じて変化する．例えば例12.2で説明したように，単純に利益の期待値が高ければそちらの代替案を選ぶかというとそうではない．そのため，効用という考えを導入して，効用の期待値で代替案の意思決定構造を説明した．しかし，それでも理屈のうえでは予測できない行動があるので，本節では，その辺を紹介する．特に不確実な場合に，この不確実性を回避するという行動をとることが知られている[27]．

　【例 12.4：選択肢の一方が確実に起こることを含む例】　案 A と B という二つの案があり，案 A は，80％の確率で400ドルの賞金がもらえるものとし，案 B は，100％の確率で300ドルの賞金がもらえるものとする．この場合は，どちらを選ぶかを考える．

　【例 12.5：両方の選択肢に不確実性がある例】　案 C と案 D という二つの案があり，案 C は，20％の確率で400ドルの賞金がもらえるものとし，案 D は，25％の確率で300ドルの賞金がもらえるものとする．この場合は，どちらかを選ぶかを考える．

　【考え方】　例12.4では，おそらく案 B を選ぶ人が多いのではないかと思う．例12.5ではどうだろうか．人によって選択肢は異なると思うが，案 C を選ぶ人のほうが多いのではないかと思う．例12.4と例12.5でそれぞれの選択肢による期待値を

計算すると同じであるにも関わらず，研究者によるアンケート結果では，例12.4では案Bを多くの人が選択するのに対して，例12.5では案Cの選択が65％と多い。このように，期待値の考えとは正反対の判断を行う傾向がある。これは共通比効果と呼ばれている。通常われわれは，確実に起こることを好み，確実に起こるかどうかわからないことを嫌う傾向にある。また，何が起こるかがわかっていることを好み，何が起こるかわからないことを嫌う傾向がある。一般にこの傾向を**不確実性回避**という。さらに，どのくらい割合で起こるかがわかっていることを好み，どのくらいの割合で起こるかがわからないことを嫌う。この傾向を**リスク回避**という。このように不確実なものを敬遠するのが人間行動に含まれていることを念頭におかねばならない。　◇

12.6　損失の回避という行動

「利益」と「損失」は，どちらも金額により表すことができるので，定量的な比較が可能である。例えば，100円の利益と100円の損失をある人が同じ日に体験したとすれば，保持している金額になんの変化もなかったのと同じである。しかし，人は「利益」と「損失」に対して異なる態度をとる傾向があることに注意する。すなわち，「利益」に対しては，不確実性を避ける判断をする傾向がある。何かを得ようとするときは確実な状況を好む。一方，「損失」に対しては，多くの不確実性をとる傾向がある。つぎの例12.6を考えてみよう。

【例12.6：確実性効果の例】
以下の二つの案があるとき，どちらを選択するか考える。
　案1：確実に100万円もらえる状況
　案2：50％の確率で200万円もらえるが，残りの50％の確率で何ももらえない状況

【考え方】 案1と案2は，これまで説明してきたように，期待値は同じである。しかし，ほとんどの人が案1を選択するであろう。これは，前節で説明したように人間は不確実性を嫌う傾向にあるということにも対応している。　◇

【例12.7：可能性効果の例】
以下の二つの案があるとき，どちらを選択するか考える。

案 3：確実に 100 万円失う状況

案 4：50 ％の確率で 200 万円失うが，残りの 50 ％の確率で何も失わなくても済む状況

【考え方】 案 3 と案 4 は，例 12.6 と同様に期待値は同じであるが，ほとんどの人が案 4 を選択するであろう。これは，損失ということに対して，不確実な状況を好む傾向にあることに対応している。　　　　　　　　　　　　　　　　　◇

☆ 演 習 問 題 ☆

【12.1】 表 12.1 に示す意思決定システムモデル例に対して，「渋滞なし」と「渋滞あり」の確率が 50 ％ ずつとわかっていたとき，高速道路と一般道路でどちらを選択するか考察せよ。

【12.2】 表 12.1 に示す意思決定システムモデル例に対して，「渋滞なし」と「渋滞あり」の確率がわからない場合，意思決定原則に基づいて，ラプラス基準，ミニマックス基準，ミニミニ基準によるおのおのの最適な操作を求めよ。

【12.3】 表 12.2 で，選択肢 A を選ぶか B を選ぶかは，効用関数に依存する。選択肢 A を選ぶ効用関数，および B を選ぶ効用関数をそれぞれ作成せよ。

【12.4】 図 12.3 を参考に，意思決定の目的，外部入力，出力，操作を含んだ意思決定システムモデルの例を構築せよ。

13 シミュレーションによるシステム分析

13.1 システム分析とは

システム分析（systems analysis）は，現在では幅広く用いられている。1章から説明してきたシステム思考，すなわち「物事をシステムとして捉え，その要素間の因果関係をグラフとして表し，その構造を利用して振舞いの特徴把握や定性的な分析を行う考え方」が基本にある。特にこの中で，「振舞いの特徴把握や定性的な分析を行う」という部分に最も関連した考え方であり，このような目的に利用される手段であるといえる。

具体的にはどのような手段なのか，これは経営工学の歴史的背景でも述べたように，最初は国富論を発端に互換性理論，動作研究，作業進捗状況管理手法，社会心理学的手法などが適用された。その後，電子計算機の誕生とともにオペレーションズリサーチがシステム分析の基礎となった。この電子計算機，いわゆるコンピュータの目覚ましい性能向上が**シミュレーション**という技術を発展させ，より複雑な問題を分析し，特徴を把握するうえで有効な武器になっていったといえる。したがって，システム分析は上記のシステム思考的な考え方に基づき，オペレーションズリサーチなどの手法だけでなく，シミュレーション技術を用いてシステムの振舞いを明らかにする手段ということができる。

本来，このシミュレーションは，コンピュータを用いることがなくても利用される技術を意味している。もともと「模擬する」という意味で，実際に実験を行う前に，その状況を想定し事前に検証するというものである。これは，現実に，実験を行うことがきわめて困難なこと，例えば，高速道路の車線数を増やすと渋滞解消効果があるかどうかを評価する際に，実際に工事をして車線を

増やして，1年間の交通量を見て，それから評価するのでは，その施策が成功した場合はよいが，あまり効果がなかった場合は，せっかく投資したコストが無駄になってしまうからである。そのような場合に，あらかじめ考えている施策が成功しそうかどうかを評価する必要がある。つまり，関心ある現象を特定の要素に簡略化し，モデル化して検証すること。これがシミュレーションである。シミュレーションとシステム分析は，この単純化したモデルの振舞いを短時間に評価，分析し，判断していく材料とするものである。このような形で，以前からシミュレーションは行われていた。しかし，事象が複雑になるにつれて，手作業で考えるには限界があり，また，さまざまな事象は確率的に発生することから，それらの要因をどのように取り込んでいったらよいかが問題となる。ここでコンピュータを利用したシミュレーションが有効になる[40],[41]。特に，生態系，物理現象，社会システム，分子動力学などのシステムモデルが非線形の場合には，コンピュータシミュレーションによるシステム分析[42]が必要不可欠なものとなった。

13.2 シミュレーションの意義

シミュレーションはなぜ必要なのだろうか。前節でも述べたとおり，実際にある施策を実行して，それが失敗したら，費やしたリソース（金，もの，人）が無駄になってしまうからである。シミュレーションをすれば失敗しないかというと必ずしもそうではないが，少なくとも，想定されるリスクは排除できるものと考えられる。ここでは，具体例を用いて，シミュレーションを利用する意義を考えてみよう。

これから開店しようとするファーストフード店において，窓口をいくつ設けたらよいかを検討する状況を想定する。読者の皆さんはいくつにすると考えるだろうか？　感覚的な発想で解決していくのも一つのやり方ではあるが，設置した窓口の数が不足して，長い行列ができてしまうと，「あそこの店はいつも待たされる」という「うわさ」が広まり，客があまり入らなくなってしまう恐

れがある。逆に窓口の数が多すぎて，店員が暇そうにしているのを見ると，「人件費を絞って商品の値段をもっと安くしてほしい」という不満が広がる可能性もある。そういった場合は窓口数を決めた人が責任をとることになる。実際に成功するか失敗するかは，どちらも確実に起こるというもとでの評価は難しいが，ある程度その問題に関与している人達の間では，合意が必要であるといえる。

　また，いくつの窓口を設けるかはわからないので，実際に一つずつ増やしていくということを実施したとする。来客数は一般に時間帯や曜日によって異なることから，少しずつ増やしていっても，途中でそれほど客が来なかったり，逆に予想以上に増えたりする場合があり，はたして窓口を作りすぎたのか，まだ足りないのか不明な状況に陥るといえる。このように，実際の対策を打って効果を確かめていくのは，リソースを無駄に費やしてしまう恐れがある。

　そこで，シミュレーションを行う必要性が見えてくる。まずはモデルを作成して，それをもとに想定状況を評価していくのがシミュレーションであり，リソースを有効に利用していくためには，欠かせない検討ステップとなっている。

　例えば，図6.5で示した待ち行列のモデルをファーストフード店の窓口設置数の問題として捉える。まず来客があり（これが発生となる），空いていれば窓口で注文を受けて，品物を渡して，金額を受け取るといった一連の処理がなされるわけだが，混み具合，すなわち，その行列の長さ（系内個数）によっては，あきらめて帰る人（あふれ）もいるであろうし，その行列で待つ人も存在する。その中で，窓口の数を最適化するモデルと捉えることができる。

　さらに，モデルの詳細部分を見てみると，一般に来客のパターンは先にも述べたとおり，昼どきや夕食時などの時間帯は来客数も多いが，午後3時頃や深夜といった時間帯は少なくなる。また，平日と週末では来客数は異なる。さらにいえば，同じ曜日，同じ時間帯でも月日が異なれば来客数は異なるといえる。これはすなわち，来客という状態は確定的ではなく，そのときになってみないとわからない不確定な事象であることがわかる。そのため確率的な考えを導入する必要がある。じつはそのような不確定な来客のもとに，行列の長さも

不確定な要素となる。一方，窓口に立つ店員も注文を受けて商品を渡すまでの処理時間は，客が注文する品物の種類や数，および店員のスキルに依存するといえる。特に店員のスキルでは，経験の長い店員は処理時間が短く，経験の浅い店員は処理時間が長いといった傾向がある。そのため，この処理時間という要素にも不確定な要因が含まれている。一般に，このような確率的な問題を，さらに複雑なモデルで解決することが求められることから，解析的に解くのは難しい。そのためコンピュータシミュレーションを実施する必要性が見えてくる。

13.3 シミュレーションの手順

　本節では，実際にシミュレーションを行うための手順について説明する。東日本大震災は数多くの甚大な被害をもたらしたが，われわれが想定していなかった問題に原発事故があったのは記憶に新しい。この原発事故により電力供給が不足し，首都圏のライフラインが混乱に陥ったのも苦しい記憶として残っている。特に公共機関への影響は，少なからず人々の生活に大きな影響を及ぼしているのだと改めて認識した人も多いであろう。列車本数の間引き運転のみならず，車内冷暖房の停止も実行された。特に，夏には節電対策として冷房を停止したため，車内で気分の悪くなる人が多く発生した。そこで，鉄道での節電を満足したうえで，鉄道の快適性を確保する対策はないものかと，新たな問題提起がなされたと仮定する。

　シミュレーションに向けての第一歩は，目的を明らかにして具体化することである。鉄道の節電には，列車の運行本数を減らしたり，深夜遅くまでの運行をしない，編成両数を減らす，手動化するなどさまざまな対策が考えられるが，そもそも首都圏での通勤・通学の乗降客数から考えると，運行本数を減らすのは現実的ではないであろう。また，編成両数を減らすのも同様の考えにより困難である。終電を早めるのは，解決策としては可能だが，職種によっては深夜時間帯勤務の仕事に従事している人もおり，利便性とのバランスの観点から，はたしてどの程度効果があるのかは疑問である。また，システムの自動化

がかなり進んでいる現在では，手動化での鉄道運行に関わるスキルを持つ者を育成する必要があり，期間を要することから効率的な業務運営とは考えがたい。また，快適性というのは，何の快適性を対象とするかである。ホームでの待ち時間があまりないことを指すのか，車内が混雑していないことを指すのか，これも具体化しなければいけない。このようにまずは定義しなければいけない項目がたくさんある。ここでは，種々の検討の結果，節電の対策を，車内空調を本来の電源から供給するのではなく，別の電力により供給することと定める。

つぎに，目的を実現するための別の電力は何かを考える。例えば，電力供給源としては，列車がブレーキ作動時にそのエネルギーを発電する回生ブレーキであったり，モータ加速の抵抗を少なくするためのインバータ制御の仕組みであったり，車両の屋根に太陽光パネルを敷き詰め，発電させる太陽光パネルであったりする。このようにさまざまな対策のメリットおよびデメリットを検討することが必要となる。ここでは，検討の結果として，車内の快適性を解決する電力として有望な太陽光パネルを対象とする。その太陽光パネルを敷き詰める対策が，現実的に可能かどうかをシミュレーションする（フィージビリティスタディという）。

一般に，採用する太陽光パネルには，材質の違いによりさまざまな種類があるため，どれを採用してシミュレーションするかを検討するためには，なるべく定量的なデータを収集する必要がある。ここでは，パネル重量，発電量，発電の安定性，強度や耐久性，原材料の特徴などを太陽光パネルに関するサイトから入手し，表にまとめる。そうすると原材料の違いにより発電能力，重量，強度に特徴があることから，その中から自分の目標にあったものを選択することができる。この選択には階層化意思決定（AHP）を用いるのが有効である（13.6節で後述）。

さらに，採用した太陽光パネルでは，どのくらいの効果があるかを試算する。そのため，さまざまな前提条件（境界条件とも呼ぶ）を決めていく。例えば，首都圏のJRでよく利用されている車両は何系なのか，これを決めると，

車両の屋根に搭載できるパネルの枚数が算出でき,あわせて重量も把握できる。また,1編成あたりの車両台数はいくらか,首都圏 JR 路線ごとの1日あたりの運行本数は何本かといった値を決めることにより,1日あたりの太陽光パネルによる発電量が算出され,現状の発電量のうちどの程度をまかなえるかが試算できる。この一連の検討手順を図 13.1 に示す。

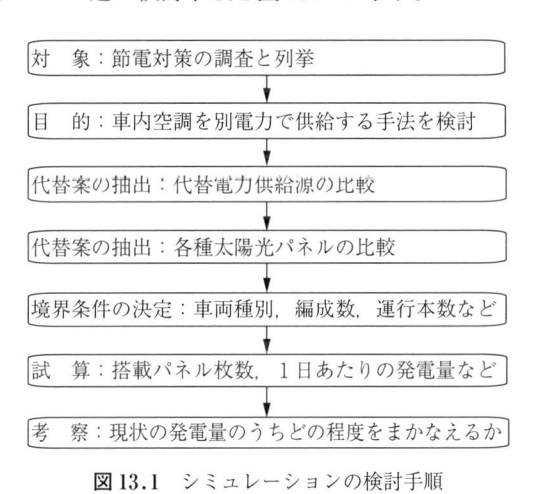

```
対　象：節電対策の調査と列挙
       ↓
目　的：車内空調を別電力で供給する手法を検討
       ↓
代替案の抽出：代替電力供給源の比較
       ↓
代替案の抽出：各種太陽光パネルの比較
       ↓
境界条件の決定：車両種別,編成数,運行本数など
       ↓
試　算：搭載パネル枚数,1日あたりの発電量など
       ↓
考　察：現状の発電量のうちどの程度をまかなえるか
```

図 13.1　シミュレーションの検討手順

ここで,時系列の変化にも注意しておく必要がある。特に太陽光パネルは,これからまだ開発が行われていく物品であるため,材料の改良による発電量の改善,強度や重量の改善,さらには価格の低下も仮説として考慮して,現在の試算と数年後の試算といったように検討していくのが通常である。

13.4　シミュレーションの留意点

シミュレーションの基本的な手順は前節で述べたとおりだが,いくつか注意すべき点がある。鉄道の快適性を満足する節電対策を例に説明する。

（1）　調査した情報をそのまま利用しない

近年,われわれはさまざまな物事を調べるのにインターネット上の情報を調べる。これは効率がよくて便利であるが,そこで大勢の人が発信している意見

だからといって，その内容をそのまま鵜呑みにしてはいけないということである。意見には個人の利害得失があるので，例えばバイオマスエネルギーがこれから発展するというような記事があったとしても，それをそのまま鉄道の検討に適用するのは困難である。また研究段階のものを検討の比較に入れるのはリスクが大きいといえる。したがって，いったん，さまざまな情報を得たら，そこで自分なりの考察が必要となる。

（2）　**全体の状況をつねに俯瞰する**

自分がシミュレーションで知りたいことは何かをつねに自問自答することである。ここでは，太陽光パネルの置かれた状況を把握することになる。太陽光パネルの開発は十年前までは日本が一番進んでいたにも関わらず，その後開発検討が止まり，そうこうしているうちに，ドイツや韓国といった国々が技術力を伸ばし，太陽光パネル市場のシェアを伸ばしている。それまで需要があまりないために技術開発が進まない状況であったが，原子力を利用するのは危険だということで代替エネルギーを検討せざるを得ない状況となり，再び脚光を浴びた状況に変化している。そのため，ほかの代替エネルギーと比較して，長期間にわたり検討されてきており，かつ世界的な市場もあるので有望だと考える。

（3）　**仮説を設定する**

鉄道車両の屋根に太陽光パネルを敷き詰めることが，メリットがあるかどうかがポイントとなる。そのため，もし敷き詰めるとなると大量のパネルが必要となるため，おおよそ何枚のパネルが必要になるか，そのデータをもとに，1枚あたりの価格が低下し，実用的な価格になるという設定をすることも重要なポイントである。

（4）　**あまり細かく検討を分類しすぎない**

例えば，試算するための条件として，電車の編成両数や走行中に得られる電力量などは，同じJRであっても路線によって異なるし，太陽光により得られる電力量は晴れの日と雨の日では当然異なる。そのように細かく分類していくと，モデルとしては正確なものに近づくと考えられるが，いざシミュレーションをしたときに，いったいどの要因が影響を与えているのかがわからないと

いった状況に陥る場合がある。そのため，ある程度大まかな要因のまま，影響を見極めていく必要がある。

（5） 現実の事象と照らし合わせてみる

シミュレーション結果を現実の事象と照らし合わせて，同様の傾向が出ていれば，設定した仮説が正しいといえる。もし違った傾向が出るならば，何か見落としていないか，現実が特殊な条件に左右されていないか，などをさらに分析検討していくことが大切である。

（6） 確率的な要因を考慮した評価を実施

確率的な入力情報により，システム全体の値がどのように変動するかを見るには，システムの値に対する**信頼区間**を評価する[41],[42]。信頼区間を統計学的に表現すると，以下のようになる。

$x_1, \cdots, x_n$ を平均 μ，分散 σ^2 の正規分布に従う母集団から抽出した独立な標本とすると

$$X_A = \frac{x_1 + \cdots + x_n}{n} \tag{13.1}$$

$$S^2 = \sum \frac{(x_i - X_A)^2}{n-1} \tag{13.2}$$

が成り立ち

$$T = \frac{X_A - \mu}{S/\sqrt{n}} \tag{13.3}$$

式（13.3）は，自由度 $n-1$ の t 分布に従う。c をこの t 分布の 90％ 点とすれば，両側 90％ の信頼区間は

$$P(-c < T < c) = 0.9$$

となる。したがって，平均値を中心に 90％ のデータがばらつく範囲は

$$P\left(X_A - \frac{cS}{\sqrt{n}} < \mu < X_A + \frac{cS}{\sqrt{n}}\right) = 0.9$$

となり，太陽光による発電量を評価する場合は**図 13.2**に示すように平均値の

90％信頼区間が得られる。

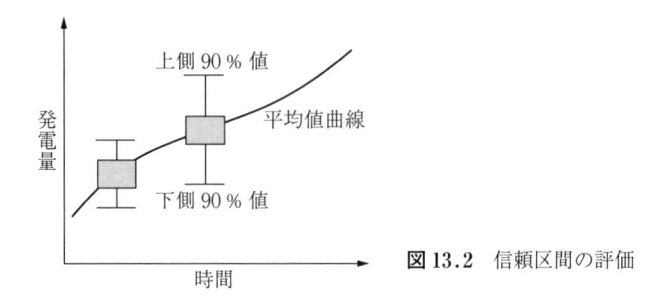

図 13.2 信頼区間の評価

13.5 仮説構築とシミュレーション

　シミュレーションを進めていくうえで，これまで述べたことを俯瞰するとわかると思うが，モデルを構築する際の仮説が重要となる．13.3節の例でいえば，太陽光パネルが普及し価格が飛躍的に安くなるのかということである．また，イノベーションの普及[43]では，アーリーアダプタという人達が，各種施策が普及するかどうかの鍵を握っていると述べている．このようなアーリーアダプタが各地域に人口の10％は存在すると仮定するといったものも仮説になる．これらの仮説はどのように導いたらよいであろうか．本節では，仮説を導く一つの方法について紹介する．

　何も情報がない所から仮説は構築しにくいものである．また，構築した仮説が空理空論になってもよくないことを考えると，まずは，現実の事象をよく調査することが基本となる．例えば，ある商品を全国に普及させようとしたときに，新しいものであれば，類似の別商品の過去の事例を調査し，どのように普及させていったかを分析する．

　複数の事例を調査していると，その中で共通的な結果や同様の傾向が現れることがある．例えば，人口の多い地域では新商品の売り上げが急に伸びるとか，無料のサービスは地域に関係なく利用者が爆発的に増えるが，有料のサービスは口コミで増えるといったように，いくつかの事例を調査することにより

共通点を見いだすことが重要である．そのような結果をもとに，因果関係を考えて，仮説を構築する．

つぎに，その仮説の妥当性を確かめる必要が発生する．例えば，別の新たな対象や地域を取り上げて，その仮説をあてはめてみる．あるいは過去のサービスを例にとり，その仮説をあてはめてみる．そのような検討を通して，仮説の妥当性を検証する．この仮説の検証には，より多くのデータをもとに検証するのが望ましい．検証した結果，仮説に適合する場合，例外はあるが適合度が高い場合，まったく適合しない場合というように，適合の程度の差はあるが，いずれにしても，ほかの重要な要因が隠れていないかどうかは検討しておく必要がある．仮説以外にも把握できていない要因との組合せで全体への影響が現れる場合もあるので注意を要する．

以上の工程を総合的に勘案し，仮説を修正し，このサイクルを続けていくのが，仮説構築とシミュレーションの関係である．

13.6　階層化意思決定

13.3節で述べたように，いくつかの代替案が存在するときに，どの案を選ぶかは悩ましい問題である．なぜなら，どれか一つが明らかに優れているという状況はあまりないからである．その場合は，さまざまな観点から総合的に評価し，望ましい代替案を選択していく必要がある．この「総合的に評価し」という部分を支援するのが**階層化意思決定法（AHP）**である．AHP（Analytic Hierarchy Process）は，不確定な状況や多様な評価基準を有する条件における意思決定手法で，以下の特徴を持っている．

- 人間の持っている主観や勘が反映できるようにモデル化できる
- 多くの目的を同時に説明することができる
- あいまいな状況を明確に説明することができる
- 関与者との話し合いや合意の過程で，意思決定者が容易に使うことができる

ここで，AHPの概要を説明する．AHPでは，まず「問題の階層化」を行

う．すなわち，問題要素を，「最終目標」-「評価基準」-「代替案」の三つの関係で捉え，階層構造を作り上げるのである．つぎに，要素の一対比較と重みづけを行う．これは，構築した各階層の要素間の重みづけを行うことである．ある一つの階層におけるすべての要素に対して，すべてのペアで比較を行い，相対評価を行う．一対比較の結果を**一対比較行列**として，その最大固有値に対応する固有ベクトルが各要素の重みとなる．最後に，優先度の計算を行う．各階層の各要素の重みを，階層構造に従い掛け合わせ，集計したものを各代替案の優先度とすることを意味している．

ここで，検討のポイントとなる一対比較法の特徴について，簡単に説明する．方法の詳細については，文献 [44]，[45] を参照されたい．

① 「極めて重要」「かなり重要」などの言葉による主観的評価を通じて定量的評価が行えるので評価者の負担を軽くすることができる．
② 具体的な対象同士の比較による評価を通して定量的な評価を可能にするので，評価の判断が容易にできる．
③ 一つひとつの評価にずれがあっても，多数の一対比較結果をもとにそのずれを調整できる．
④ 一対比較が首尾一貫しているかどうかを，整合度で判断でき，再評価が必要かどうかを判断できる．
⑤ 個々の評価の結果を一対比較という形で表現することができ，その判断の根拠について説明したり，記述することにより，評価に関する情報を開示することができ，判断に対する理解が得られやすくなる．

例 13.1 は，AHP を利用した計算法の具体例である[44]．

【例 13.1：企業における AHP 利用の例】 ある企業でシステムを導入し，オペレータが操作する際のセキュリティ対策の候補として，ログの保存だけで特別な対策を施さない（対策なし），ID とパスワード（PWD）による管理（ID-PWD 管理），顔や指紋認証による管理（生体管理）について検討している状況を想定する．初期費用の観点からは対策なしが最もよく，認証精度の観点からは ID-PWD 管理が最もよく，本人確認の確実性の観点からは生体管理が最も

よく，どのセキュリティ対策にすればよいか困っているとする。

【考え方】 企業では AHP を用いて決定することにした。

第1段階：代替案として，A1：対策なし，A2：ID-PWD 管理，A3：生体管理の3候補を，判断基準として，C1：初期費用，C2：認証精度，C3：確実性の3基準を設定し，階層構造を**図 13.3** のようにした。

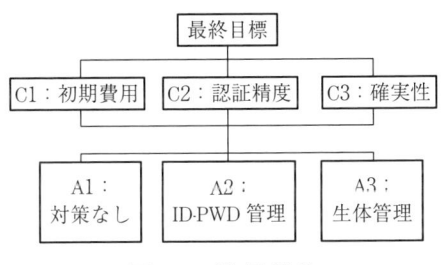

図 13.3 階 層 構 造

第2段階：3評価基準からみた，3代替案の一対比較を行った（**表 13.1**）。そして，これらのマトリックスの固有ベクトル（重み）はそれぞれつぎのようになる[†]。

表 13.1 3代替案の一対比較

（a） C1：初期費用

	A1	A2	A3
A1	1	5	9
A2	1/5	1	2
A3	1/9	1/2	1

$\lambda_{max} = 3.001$, C.I. $= 0.001$

（b） C2：認証精度

	A1	A2	A3
A1	1	1/7	1/3
A2	7	1	3
A3	3	1/3	1

$\lambda_{max} = 3.007$, C.I. $= 0.004$

（c） C3：確実性

	A1	A2	A3
A1	1	1/5	1/7
A2	5	1	1/2
A3	7	2	1

$\lambda_{max} = 3.006$, C.I. $= 0.003$

[†] 一対比較行列から固有ベクトルを求め，その固有ベクトルを重みとし，固有値から整合度（C.I.）を計算する。$Aw = \lambda w$ の関係が成立する λ と w を求める。この λ が A の固有値であり，w がそれに対応する固有ベクトルとなる。

ここで，C.I. $= (\lambda - n)/(n - 1)$ を計算する。A が完全に整合している場合は，C.I. $= 0$ であり，A の各要素の値に矛盾が多いときは C.I. の値は大きくなる（通常 C.I. が 0.1 以下であれば問題ないといわれている）。

C1：初期費用　　$W^T{}_{C1} = (0.7608,\ 0.1576,\ 0.0816)$
C2：認証精度　　$W^T{}_{C2} = (0.0879,\ 0.6694,\ 0.2426)$
C3：確実性　　　$W^T{}_{C3} = (0.0751,\ 0.3332,\ 0.5917)$

つまり，初期費用に関しては対策なしが最も高く，認証精度に関してはID-PWD管理が最も高く，確実性に関しては生体管理が最も高いことがわかる．つぎに最終目標から見た，3評価基準の一対比較を行った結果を**表13.2**に示す．

表13.2 3評価基準の一対比較

	C1	C2	C3
C1	1	1	5
C2	1	1	4
C3	1/5	1/4	1

そして，これらのマトリックスの固有ベクトルは

$W_C = (0.4434,\ 0.3874,\ 0.1692)$

つまり，初期費用を最優先とし，つぎに認証精度も確実性に近く重視する結果になった．また，固有値は3.0055であり，C.I.は0.0028であり，十分な整合性がある．

第3段階：第2段階で求めた各レベルでの各要素の重みを階層構造に従い，掛け合わせ，集計したものを各代替案の優先度とする．つまり

$A1 = 0.4434 \times 0.7608 + 0.3874 \times 0.0879 + 0.1692 \times 0.0751 = 0.3841$
$A2 = 0.4434 \times 0.1576 + 0.3874 \times 0.6694 + 0.1692 \times 0.3332 = 0.3856$
$A3 = 0.4434 \times 0.0816 + 0.3874 \times 0.2426 + 0.1692 \times 0.5917 = 0.2303$

となる．したがって，A2を対策として答申することとなった．　　　◇

☆ 演 習 問 題 ☆

【13.1】 シミュレーションを行う有効性は何かをまとめよ．

【13.2】 13.3節に示したシミュレーション例において，太陽光パネルの将来価格は，どのように考えて決めたらよいか．

14 システム方法論の実際

これまでの章では，物事をシステム的に捉えた考え方を，さまざまな観点から例を示しながら説明してきた．本章では，システム方法論を実際に利用した例を紹介する．

14.1 システム方法論の利用1（情報システム開発）

近年，クラウドコンピューティング技術の進展により，これまでのサービスがクラウド環境に置き換えられ，新たなサービスとして提供されてきている．本節では，利用が爆発的に伸びると想定されるこのクラウドサービスを支障なく提供していくために，どのような機能が必要になるかを検討する．

まず，7ステージモデルを適用して，構造化されていないさまざまな問題状況を整理して，何が重要な問題なのかを明らかにする．そもそも新しいサービスは，それを利用する需要が増加することによりさまざまな問題状況が発生すると考えられることから，ここでは，まずユーザのクラウドサービスの利用形態を分析することから始める．図14.1に示す分析では，クラウド利用端末

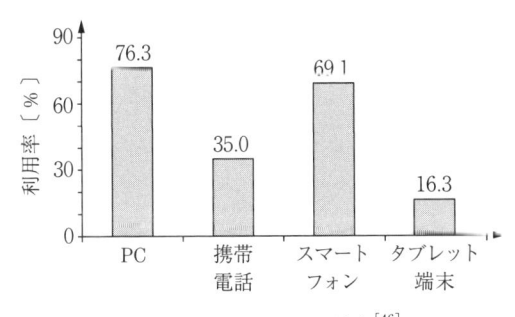

図14.1 クラウド利用端末[46]

は，PCとスマートフォンであることがわかる。ここで，おのおののユーザはどのような利用の仕方をしているのかを把握する。PCユーザは，通常電子メールやネットショッピングに利用が集中しているが，近年では，動画視聴や動画共有サイトの閲覧や投稿などもかなりの割合を占めていることから，容量の大きな情報を扱う傾向があることがわかる。また，スマートフォンユーザは，音声や電子メールといった携帯電話と同様の利用方法のほかに，動画，インターネットなど，こちらも容量の大きな情報を扱う傾向があるといえる。さらに，今後ユーザ需要が爆発的に伸びると思われるスマートフォンユーザのクラウドサービスの利用状況を調べると，不思議なことに，容量の多い動画はそれほど利用されていないことがわかる。これは，クラウド自体が提供している容量（無料の）が少ないことに起因している。一方，クラウドやネットワークの発展に伴い，図14.2に示すように，一般ユーザはコンテンツ提供者からアプリケーションやコンテンツを購入する際，さまざまなルートで購入できるようになっている。今後もこの形態は続くものと考えられる。これらの分析や現在のサービス提供条件から総合的に勘案し，今後の一般ユーザに対するクラウドサービスは利用可能な容量を柔軟に変更可能とすることが必要となることがわかる。そのため，各ユーザの使用量管理や，どのプロバイダ経由で購入した

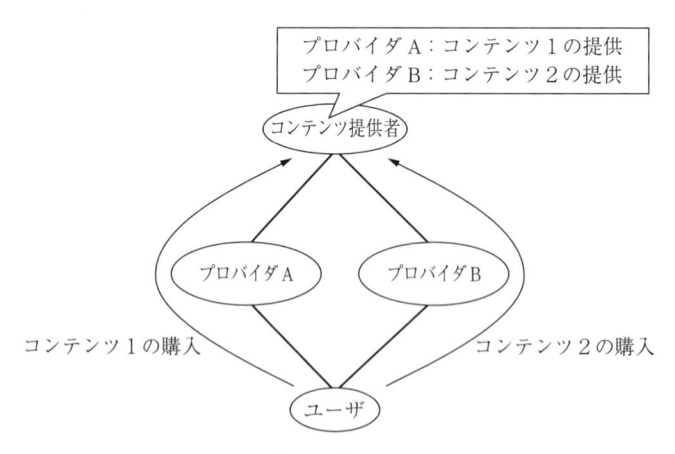

図14.2 今後想定される支払形態

14.1 システム方法論の利用1（情報システム開発）

かといった購入経路管理をする必要がある。これは，特にサービスの料金に影響を及ぼす問題状況となる。

そこで，つぎに料金管理に関する現状を把握するため，**図14.3**に示すようにリッチピクチャを用いる。ここでは，クラウドサービスをデータ保管と共有の観点から現状を把握することと，購入の観点から把握する2通りの洗い出しを行っている。したがって，これらの観点から，多くの複雑な支払パターンが存在することになり，何か問題が発生したときに原因究明が困難であったり，時間を要することが想定されることから，料金管理の充実が重要となる。この現状に対して，本来あるべき姿をCATWOE分析やXYZ公式を利用して構築する。特にCATWOE分析を行った結果を**図14.4**に示す。

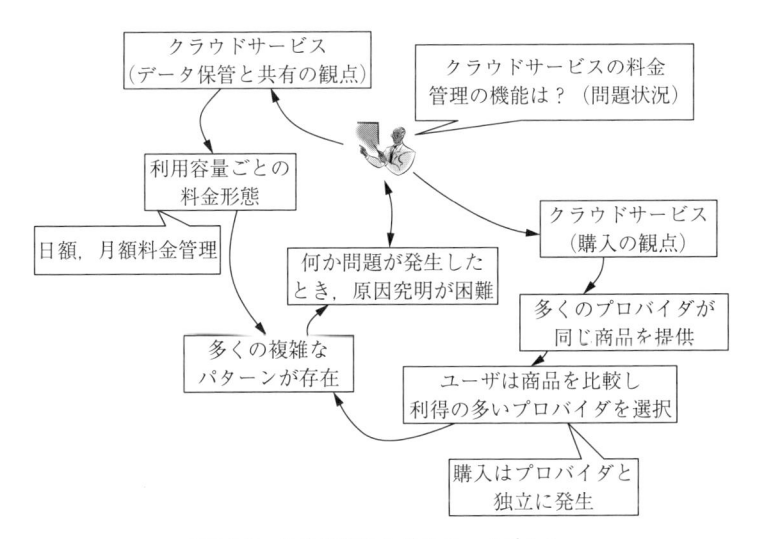

図14.3 料金管理におけるリッチピクチャ

さらに，現状をあるべき姿に近づけるため，具体的に何を実施しなければならないかを，**図14.5**に示す概念モデルを用いることにより構築していく。本来の目的は，ビジネス効率を向上させることと顧客満足度を高めることなので，それの定義を明らかにすることから始まる。つぎにそのための料金管理の要求条件，機能の配備を明らかにし，検討した内容が，効果があるかどうかを

14. システム方法論の実際

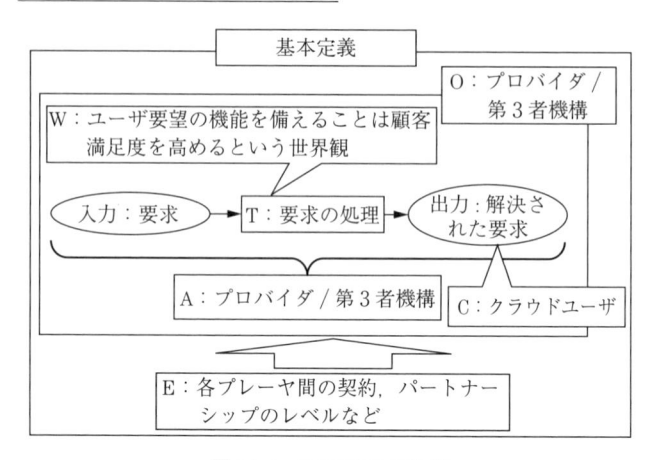

```
                    基本定義
    ┌─────────────────────────────────────┐
    │                          O：プロバイダ／  │
    │   ┌─────────────────────┐  第3者機構   │
    │   │W：ユーザ要望の機能を備えることは顧客│         │
    │   │   満足度を高めるという世界観      │         │
    │   │                              │         │
    │   ┌─入力：要求─┐→ T：要求の処理 →┌出力：解決さ┐│
    │                                   れた要求  │
    │         A：プロバイダ／第3者機構     C：クラウドユーザ│
    └─────────────────────────────────────┘
                         ↑
              E：各プレーヤ間の契約，パートナー
                 シップのレベルなど
```

図 14.4 CATWOE 分析例

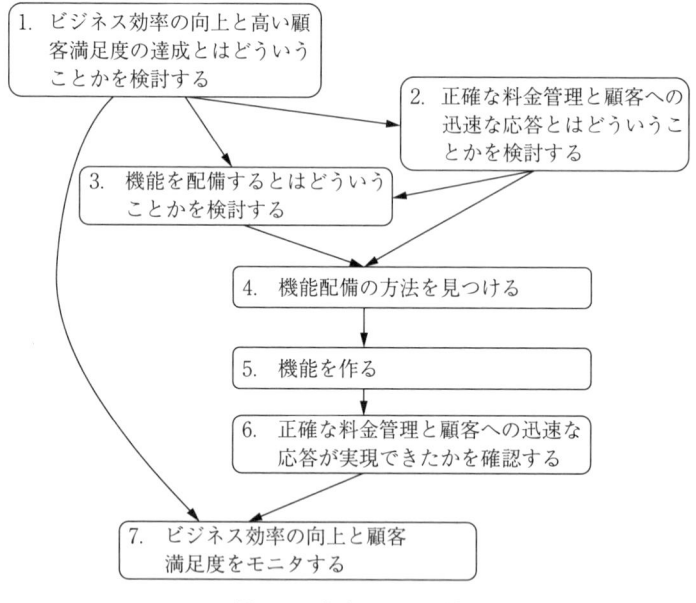

```
 1. ビジネス効率の向上と高い顧
    客満足度の達成とはどういう
    ことかを検討する
           │        ┌─────────────────┐
           │        │2. 正確な料金管理と顧客への│
           ↓        │   迅速な応答とはどういうこ│
    3. 機能を配備するとはどういう│   とかを検討する       │
       ことかを検討する  ←───┘
           ↓
    4. 機能配備の方法を見つける
           ↓
    5. 機能を作る
           ↓
    6. 正確な料金管理と顧客への迅速な
       応答が実現できたかを確認する
           ↓
    7. ビジネス効率の向上と顧客
       満足度をモニタする
```

図 14.5 概念モデルの例

モニタしていく。以上の一連の行動を実施することにより，料金管理において必要となる機能を具体化していく。その結果の一例が，**図 14.6** に示すユースケース図になる。この図では，料金管理システムが何をするものかが明確に記

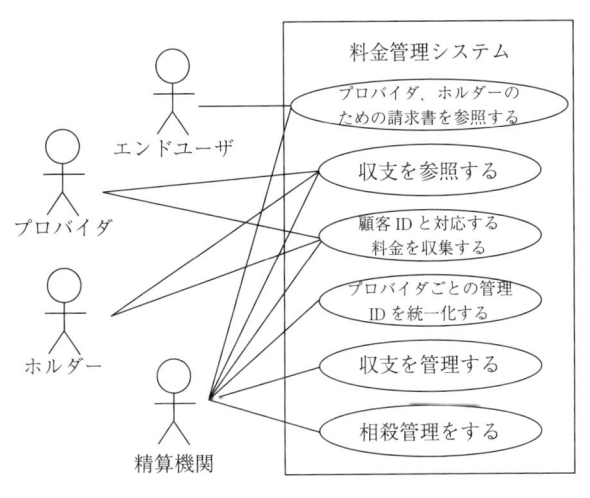

図 14.6 ユースケース図の例

述される。

　ここでこのシステムを利用するアクタは，エンドユーザ，プロバイダ，ホルダー，精算機関であり，料金管理システム内に記述されたユースケースが，システムが果たす機能を説明したものである。実際には，以上の検討の流れの先に，要求条件定義書や基本設計書などのドキュメント類を準備し，検討を進めていくことになる。

14.2　システム方法論の利用 2（通信サービス）

　高速通信サービスのインフラとして長年期待されていた光ファイバは，2002年に各家庭の光化（FTTH）を開始して以来，かなり浸透してきている。少し前の話になるが，従来各家庭にはメタルケーブルのみ敷設され，電話サービスしか提供されていなかった状態から，どのように光通信インフラ設備を実現していったらよいか重要な課題であった。このときの一つの試みとして，現状の設備をどのタイミングでどのように移行していくか，いわゆる設備移行形態の評価と決定をする検討に対して，システム方法論を利用してみる。まず，設備

178   14. システム方法論の実際

移行形態とシステム化（対象，システムおよびシステムモデル）の関係を図示すると**図14.7**のようになる．すなわち，対象がFTTHを幅広くユーザに浸透させることであり，現状からの設備移行という関心から，通信設備の設備移行形態というシステムが描ける．ここでは，7ステージモデルなどの検討部分はすでに行われているものとし，説明は省略するが，読者諸氏で確かめてほしい．さらにこのシステムを表現するシステムモデルをつぎに説明する．

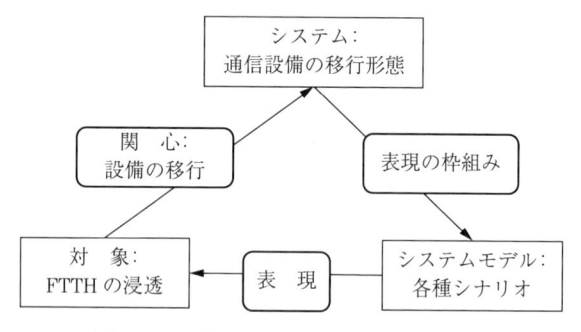

```
           システム：
         通信設備の移行形態
         ↗            ↖
    関　心：          表現の枠組み
   設備の移行              ↓
      ↑                システムモデル：
    対　象：  ← 表　現 →   各種シナリオ
   FTTHの浸透
```

図 14.7 設備移行形態とシステム化の関係

　ここでは，あるべき姿がFTTHという形態なのに対して，現状はメタルケーブルが敷設されている状態であり，現状のままでは，高速通信サービスが提供できないという問題がすでにわかっている．この問題を解消するためには，FTTHに設備を切り替えるのであるが，瞬時にできるものではない．そこで，設備移行にはどのような問題があるかを掘り下げていくことになる．そもそも，現状のメタルケーブルからFTTHに替えるということは，膨大なコストを要するので，それを補うだけの収入がなければいけないことがわかる．これは，その設備で提供するサービスから得られる収入ということになり，どのようなサービスを提供していくかが問題の本質となることがわかる．したがって，設備移行を考える際には，その根本にあるサービスがどのように変化するかという分析をする必要がある．**図14.8**（a）に示すように，まずサービスを分類する．伝送媒体がメタルケーブルから光ファイバに移るという要因は，情報の速度と情報の方向性なので，ここでは，おのおのの軸に上り，もしくは

14.2 システム方法論の利用 2（通信サービス）

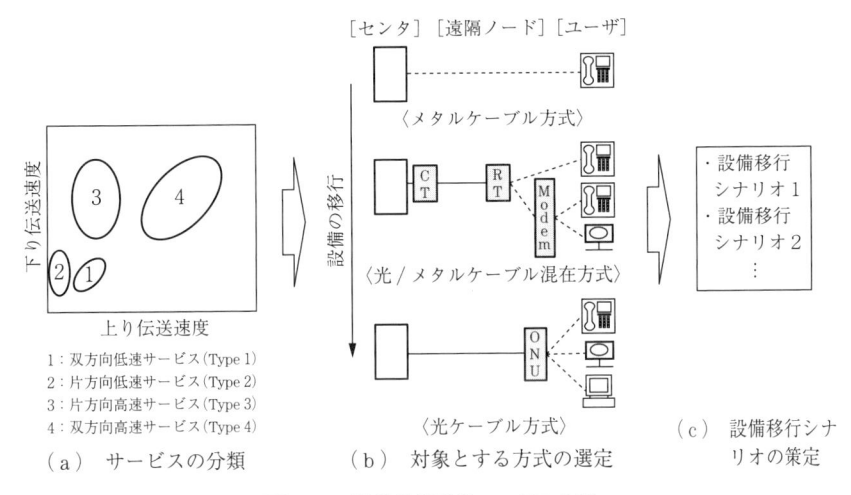

図 14.8 設備移行形態のモデル化例

下り方向の情報転送速度を示し，サービスをカテゴリ化した．その結果，片方向高速サービス（映像配信など），双方向高速サービス（TV 会議など）が生じることとなり，これらのサービス普及が設備移行の大きな要因になると考える．つぎに，実際の設備の移行も，いきなりメタルケーブルから FTTH に移るのではなく，サービスの発生の仕方によっては，段階を経て設備を移行する必要があると考えられる．そのため，図（b）に示す対象とする方式の選定にもあるとおり，過渡的な設備構成も考慮しなければならない．すなわち，電話サービスのみの場合は，メタルケーブルで提供するメタルケーブル方式，小型でかつ大容量の CT, RT という多重化装置とその間を結ぶ光ファイバを導入し，映像配信も電話サービスもあるエリアまで一つの媒体で実現し，その先ユーザ宅へはメタルケーブルで提供する光／メタルケーブル混在方式，すべてのサービスを光ファイバで提供する光ケーブル方式と，三つを考えることとする．以上をもとに図（c）に示すような，サービス需要の変化と設備の入れ替えのタイミングを考慮した各方式の設備移行シナリオが構築できる．

構築した設備移行シナリオに対して，分類したサービスカテゴリのおのおのが影響し合いながら，需要がどのように変化するかを考える（正もしくは負の

フィードバックループが存在するかどうかもポイントである)．さらに，設備移行する際に必要となる各種装置類のコストは，現在だけでなく未来の情報も必要となるので，変動するものとする．これら三つのシナリオの組合せとしてシステムモデルを構築する．実際には入力として与えたサービスシナリオとコスト変動シナリオをもとに，複数の設備移行シナリオの経済性比較（ここでは，各設備移行シナリオに要する費用をNPV（Net Present Value）により比較）する．NPVは，設備の構築に要する費用だけでなく，設備の撤去やメンテナンス費用および各種サービスから得られる収入を総合的に見ていく手法である．

入力情報として設定した各種サービスの需要変動により，さまざまなサービスシナリオが生成されるので，それらのシナリオごとにNPVを比較する．また，装置コストなども現状から将来に向けて，どのように変動するかにはいくつかのパターンがあるので，そのコスト変動シナリオごとにNPVを比較する必要がある．実際に，どのパターン（サービスシナリオとコスト変動シナリオ）になるかはわからないので，いわゆる感度分析の考え方を用いて，設備移行シナリオ内のどの要因によりNPVが大きく変動するかを把握することにより，望ましい設備移行形態を決定していくといった意思決定システムモデルにシミュレーションを適用した考えに有効であるといえる．

14.3　システム方法論の利用3（授業改善）

大学教育においては，質の向上のために，FD活動（ファカルティデベロップメント活動）が盛んに行われており，授業改善ノウハウを提供する取組みの有用な資料も提示されている[47]．その一つに学生への講義に対するアンケート調査がある．これはおおよそ十数～数十項目の講義に関するさまざまな観点からの問いに対して，学生がどのように感じたかを集計したものである．教員は，このアンケート結果をもとに，講義の反省と翌年度への改善を実施するためのPDCAサイクルを回すことになる．ここでは，ある講義に対する過去3

14.3 システム方法論の利用3（授業改善）

年間のアンケート結果とそれに伴う各年度での改善案をどのように設定しているか（何を隠そう，筆者自身の講義における集計結果である！）を一例として示す。

まず，**図14.9**に示すように，授業改善とシステム化（対象，システムおよびシステムモデル）の関係を明確にする。対象はFD活動を推進するための授業改善であり，そもそも学生が授業に満足できたかどうか（これは，理解度，充実度，達成度，展開度など学生にとって有益な要素を含んでいる）という観点から，講義運営というシステムを構築する。具体的には，説明の仕方，配布資料，演習の徹底，答案返却による学生へのフィードバックなどさまざまな対策を含んでいることから，それらの要因により構成される各種改善案がシステムモデルに対応する。

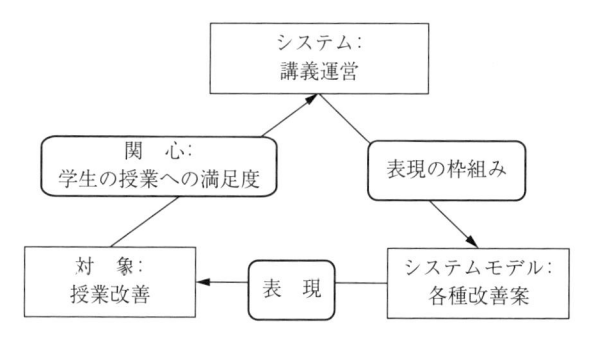

図14.9 授業改善とシステム化の関係

表14.1にある講義の2010年度のアンケート集計結果を示す。このアンケートは3年間続けておりその3年の結果をレーダーチャートを用いて各年の特徴を把握する（**図14.10**）。3年間の結果を並べると，全体のバランスがとれたグラフに変化していることがわかる。それでは，まず2010年度のグラフを見てみよう。2010年度は，①（意欲的に受講したかどうか）に関してグラフの形がへこんでいる。受講人数が11名と少ないため，各学生のスコアが平均値に大きく影響されていることがわかる。この時点での現状把握としては，ほかの質問項目との相関があまり見られないことから，講義内容的には特に問題な

表 14.1 ある講義のアンケート集計結果（2010 年度：11 名）

質問	はい (5)	まあそう思う (4)	どちらともいえない (3)	あまり思わない (2)	いいえ (1)
① この授業を意欲的に受講したか	0	7	2	2	0
② 授業内容はわかりやすかったか	3	7	1	0	0
③ 学生の理解度を把握した教え方か	3	8	0	0	0
④ テキストや教材がわかりやすかったか	3	5	3	0	0
⑤ 考え方，能力，知識，技術などの向上に得るところがあったか	1	8	2	0	0
⑥ シラバスと授業内容は一致していたか	3	6	2	0	0
⑦ 教員の話し方は聞き取りやすかったか	5	6	0	0	0
⑧ 図表は見やすかったか	4	5	1	1	0
⑨ 講義の準備，教え方の工夫，課題の提供は適切か	3	6	1	1	0
⑩ 成績評価基準が明確か	5	6	0	0	0
⑪ 総合的に満足いく授業か	2	9	0	0	0

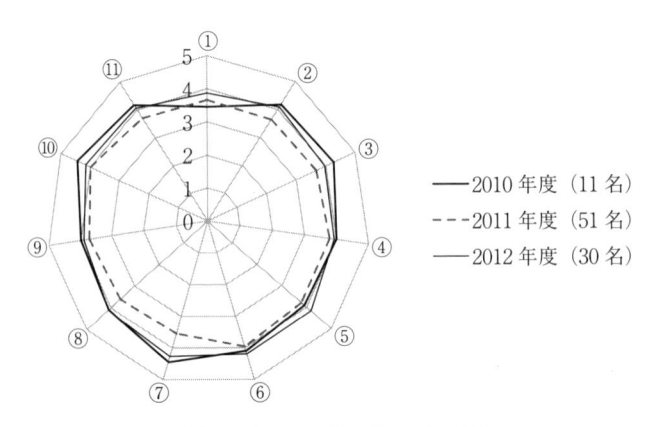

図 14.10 レーダーチャート分析

いものの，受講学生に受け身的な姿勢が多いことがわかる．そこで，一方的な講義形態にならないように，演習時間の占める割合を多くする改善案をたてて，2011 年度の講義に臨んだ．2011 年度は，全体的に点数が低いのは，受講人数が 5 倍に増加したためと考えられる．これは，人数が多くなると，多様な学生が増えるとともに，各学生への注意がどうしても分散されてしまうことが原因であることがわかる．特に大きな教室（二つの教室をつなげたように細長く，後方の席は黒板から遠い！）に変更されたこともあり，⑦（教員の話し方

は聞き取りやすかったか）と⑧（図表は見やすかったか）に関しては，若干バランスを欠いていることがわかる．したがって，2012年度は，話し方に抑揚をつけて，学生の関心を引きつけるとともに，配布資料にもスライドで説明するものと同じ図面を挿入した改善案を実施した．どの程度の効果が出ているかはわからないが，2012年度はバランスおよび値は改善されていることがわかる．

以上のように，アンケート調査結果から，まず現状把握を行い，あるべき姿との比較より，いくつかの改善案から有効となり得るものを選択する．最終的には，実行した結果，効果があったかどうかを評価し，さらにフィードバックを実施していくという，すなわち講義運営システムにおいて，改善案というシステムモデルを分析・評価する流れになっている．

14.4　システム方法論の今後の展開

近年，コンピュータ性能の爆発的な進展や，ビッグデータと称される人間行動，気象などさまざまな電子データが容易に入手可能となっており，さまざまな検討ができる環境となっている．このため，以前に比べると，比較的物事をシステムとして捉えるという考え方は，受け入れられやすいものと思われる．まず何が問題かという本質を見極めるためには，従来であればその人の経験に依存するところが大きかったといえる．しかし，近年はこのように誰でも大量の情報を入手できるため，さまざまな角度から対象となるものを分析し，仮説をたてることが容易になった．そのため，本書で紹介したシステム方法論的な考え方は，より多くの人に理解し，利用してもらいたいし，またそれが可能であると思っている．物事を考え，解決していくという行為は，未来永劫続くものであり，多くの関与者に理解してもらいながら，いかに試行錯誤段階を効率よく進めるかに適用され，発展していくと期待している．

引用・参考文献

[1] 高橋真吾：システム学の基礎，培風館（2007）
[2] デカルト（谷川多佳子訳）：方法序説，岩波文庫（1997）
[3] アダム・スミス（水田 洋，杉山忠平訳）：国富論〈1〉，岩波文庫（2000）
[4] ピーター・チェックランド，ジム・スクルーズ（妹尾堅一郎訳）：ソフト・システムズ方法論，有斐閣（1994）
[5] 木嶋恭一，出口 弘 編，木嶋恭一，渡辺慶和，柴 直樹，高井徹雄，高津信三，平野雅章，出口 弘，田中健次，中野文平：システム知の探究〈1〉 決定するシステム，日科技連出版社（1997）
[6] A. Leonard：Team Syntegrity（2002），http://www.phrontis.com/FacilTS.htm〔2014年5月現在〕
[7] 木嶋恭一：大学講義 交渉システム学入門，丸善（2005）
[8] P. Checkland：System Thinking, Systems Practice, John Wiley & Sons（1981）
[9] 高原康彦：システムアプローチ再考，大蔵省財政金融研究所「ファイナンシャル・レビュー」2月号（1993）
[10] 岩下 基：情報通信工学，共立出版（2012）
[11] 大前研一：考える技術，講談社（2004）
[12] 齋藤嘉則：問題発見プロフェッショナル「構想力と分析力」，ダイヤモンド社（2001）
[13] 齋藤嘉則：問題解決プロフェッショナル「思考と技術」，ダイヤモンド社（1997）
[14] 久納信之：ITILV3実践の鉄則，技術評論社（2010）
[15] エレン・ゴッテスディーナー：要求開発ワークショップの進め方―ユーザー要求を引き出すファシリテーション―，日経BP社（2007）
[16] 山本修一郎：―要求を可視化するための―要求定義・要求仕様書の作り方，ソフト・リサーチ・センター（2006）
[17] 一般社団法人 情報サービス産業協会 REBOK企画WG編：要求工学知識体系（第1版），近代科学社（2011）
[18] 児玉公信：UMLモデリングの本質（第2版），日経BP社（2011）

[19] 高橋真吾，衣川功一，野中　誠：情報システム開発入門―システムライフサイクルの体験的学習―，共立出版（2008）
[20] 角田良明編著：ネットワークソフトウェア，共立出版（2013）
[21] 細谷泰夫：JUDEで学ぶシステムデザイン―JUDEオフィシャルガイドブック―，翔泳社（2008）
[22] 枝廣淳子，内藤　耕：入門！システム思考，講談社現代新書（2007）
[23] ポール・クルーグマン，ロビン・ウェルス：クルーグマンマクロ経済学，東洋経済新報社（2009）
[24] ジョセフ・E・スティグリッツ，カール・E・ウォルシュ：スティグリッツマクロ経済学　第3版，東洋経済新報社（2007）
[25] ジョン・D・スターマン：システム思考―複雑な問題の解決技法―，東洋経済新報社（2009）
[26] F. Bass：A new product growth model for consumer durables, Management Science, **15**, pp. 215-227（1969）
[27] 大澤　光：社会システム工学の考え方，オーム社（2007）
[28] 久保幹雄監修：サプライ・チェインの設計と管理―コンセプト・戦略・事例―，朝倉書店（2002）
[29] J-N. Biraben：An Essay Concerning Mankind's Evolution, Population, Selected Papers, **4**, pp. 1–13（1980）
[30] K. Klein Goldewijk and G. van Drecht："HYDE 3.0: Current and historical population and land cover," in Eds. A. F. Bouwman, T. Kram, and K. Klein Goldewijk："Integrated modelling of global environmental change. An overview of IMAGE 2.4," Netherlands Environmental Assessment Agency（MNP）, Bilthoven, The Netherlands.（2006）
[31] 大内　東，岡部成玄，栗原正仁：情報学入門―大学で学ぶ情報科学・情報活用・情報社会―，コロナ社（2006）
[32] 柴田正憲，浅田由良：情報科学のための離散数学，コロナ社（1995）
[33] 小倉久和：形式言語と有限オートマトン入門―例題を中心とした情報の離散数学―，コロナ社（1996）
[34] 松瀬貢規：基礎制御工学，数理工学社（2013）
[35] 吉野邦生，吉田　稔，岡　康之：工科系学生のための微分方程式講義，培風館（2013）
[36] 前田　肇：線形システム（普及版），朝倉書店（2012）
[37] 佐藤敏明：フーリエ変換，ナツメ社（2011）

[38] 山口昌哉：非線型現象の数学，朝倉書店（2004）
[39] ポール・クルーグマン，ロビン・ウェルス：クルーグマンミクロ経済学，東洋経済新報社（2007）
[40] 森戸　晋，逆瀬川浩孝：システムシミュレーション，朝倉書店（2000）
[41] W.D.Kelton, R.P.Sadowski, D.T.Sturrock（高桑宗右ヱ門，野村淳一訳）：シミュレーション　―Arenaを活用した総合的アプローチ―（第4版），コロナ社（2007）
[42] 白鳥則郎 監修，佐藤文明，斎藤　稔，石原　進，渡辺　尚：シミュレーション，共立出版（2013）
[43] エベレット・ロジャーズ：イノベーションの普及，翔泳社（2007）
[44] 木下栄蔵，大屋隆生：戦略的意思決定手法AHP，朝倉書店（2007）
[45] 酒井浩二，山本嘉一郎 編著：Excelで今すぐ実践！感性の評価，ナカニシヤ出版（2008）
[46] インターネットメディア総合研究所 編：スマートフォン／ケータイ利用動向調査2012データ集，インプレスR&D（2011）
[47] 中島英博，中井俊樹：優れた授業実践のための7つの原則に基づく学生用・教員用・大学用チェックリスト，大学教育研究ジャーナル第2号，pp. 71-80（2005）

演習問題解答

★1章
【1.1】 歯車，針，ゼンマイなどの精密部品（要素）を，組み立てること（関係）による時計システムなど

【1.2】 肩こり（現象）は，PCを利用した長時間作業（本質）から生じている。

【1.3】 企業（対象物）をシステムとして捉えたとき，システマティックな考え方は，企業を構成する要素は組織，さらに各組織内の従業員というように要素を秩序だてて詳細化していく。一方，システミックな考え方は，業績がよくなると新入社員が増える，悪くなると解雇者数が増えるといったように，何が企業に影響を与える要因か，挙動を見ていく。など

★2章
【2.1】 ①× ②H ③H ④S ⑤S ⑥S ⑦× ⑧○ ⑨S ⑩S

【2.2】 地方自治体（コンビニ家屋建築申請確認と許可），コンビニ運営会社（家屋計画作成），地主（土地所有者），建設会社（家屋の建築），バス運営会社（バス停スペースの安全確保），地域住民（利用者）など

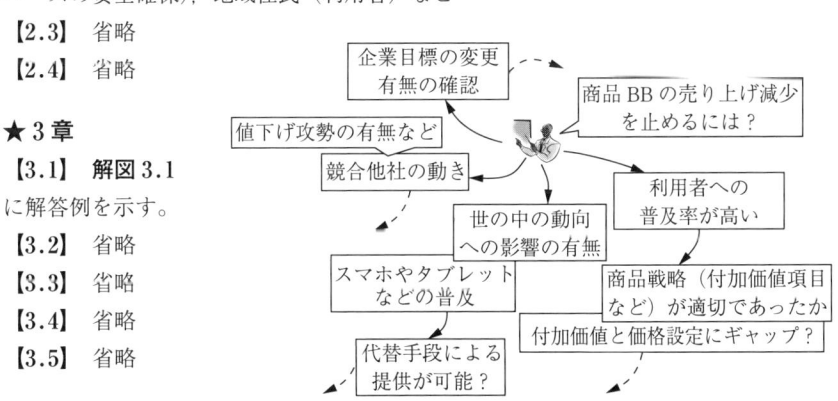

【2.3】 省略

【2.4】 省略

★3章
【3.1】 解図3.1に解答例を示す。

【3.2】 省略

【3.3】 省略

【3.4】 省略

【3.5】 省略

解図3.1 リッチピクチャ解答例

演習問題の詳細な解答はコロナ社のwebページ（http://www.coronasha.co.jp/np/isbn/9784339024814/）に示されている。なお，コロナ社のtopページから書名検索でもアクセスできる。ダウンロードに必要なパスワードは「024814」。

★4章

【4.1】 省略

【4.2】 省略

【4.3】 コンピュータの OS は，Windows OS，Mac OS のほかに UNIX OS や LINUX OS があるため，漏れがある MECE になっている。したがって正しい MECE になっていない。

【4.4】 飲み物は，アルコール飲料とノンアルコール飲料に分類できる。暖かい飲料と冷たい飲料では，その境界があいまいなため，常温の飲料の扱いが不足しているといえる。

【4.5】 赤字企業が黒字化するには，大きく収入を増やす対策と支出を減らす対策の二つに分類できる。収入を増やす対策を，新規分野を開拓するか既存分野で事業を伸ばすかに分類できる。また，支出を減らす対策では，固定費を見直すか，変動費を見直すかに分類できる。

★5章 省略

★6章

【6.1】 （a）のシステム信頼度 = $1-(1-r_1 \times r_2)^2$
（b）のシステム信頼度 = $\{1-(1-r_1)^2\} \times \{1-(1-r_2)^2\}$

【6.2】 省略

【6.3】 図 6.7 の従来の作業プロセス全体の能力は，以下のとおり計算できる。

従来の作業プロセス全体の能力
= $0.5\alpha \times (0.8+0.7) \times 0.5 = 0.325\alpha$ （32.5 %）

一方，重点主義，総花主義，偏重主義では作業プロセス全体の能力は，以下のとおりとなる。

重点主義 = $0.5\alpha \times (0.8+0.7) \times (0.5+0.3) = 0.6\alpha$ （60 %）
総花主義 = $0.5\alpha \times (0.9+0.8) \times (0.5+0.1) = 0.51\alpha$ （51 %）
偏重主義 = $0.5\alpha \times (0.8+1) \times 0.5 = 0.45\alpha$ （45 %）

したがって，重点主義を採用することにより，従来よりも 27.5 %（= 60 − 32.5）プロセスの能力を向上させることができる。

【6.4】 省略

★7章

【7.1】「詰め込み教育」や「ゆとり教育」が，効果があったのかどうかを評価するには，対象となる生徒の大学での評価，さらには社会に出てからの活躍状況などを見る必要がある。これは改革した時点ですぐに効果が出ているかわからないが，時間が経過した後に，評価が可能となる遅れを伴った時系列変化パターンの現象である。

【7.2】 英単語の知識を増やすと，より英語が理解できるようになる。英語が理解できるようになると，より多くの英文書物を読めるようになる。英文書物を多く読むと，多くの英単語に出会い，英単語の知識をさらに増やすことができる。

【7.3】 インフルエンザ感染者数が増えると，供給されるワクチンの量も増える。ワクチンの量が増えると，接種する人の数も増える。接種する人が増えると，感染者数は減る。感染者数が減ると，ワクチンの量も減る。ワクチンの量が減ると，接種人数も減る。接種人数が減ると，感染者数が増える。

【7.4】 省略

★8章

【8.1】 利率に関するストック・フロー図を**解図8.1**に示す。利率は，国民所得の変化によって変動する（詳細には，この要因だけではないが）ストックであるといえる。

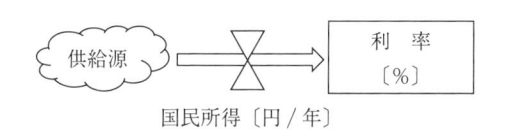

解図8.1 利率のストック・フロー図

【8.2】 失業率は，ある年の失業者数が増減することにより変化し，さらにある年の雇用者数の増減により変化するため，**解図8.2**に示すとおりストックである。

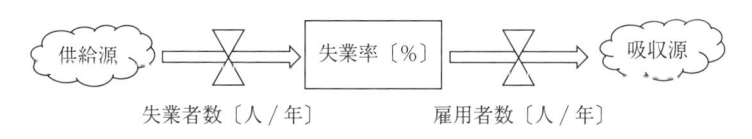

解図8.2 失業率のストック・フロー図

【8.3】 静的な均衡状態：航海中の船内にいる乗船者数
　　　　　動的な均衡状態：同日にある企業に入社する社員数と退職する社員数が同じ場合の，企業の全社員数

【8.4】 省略

★ 9 章 省略

★ 10 章

【10.1】 解図 10.1 に状態遷移図を示す。

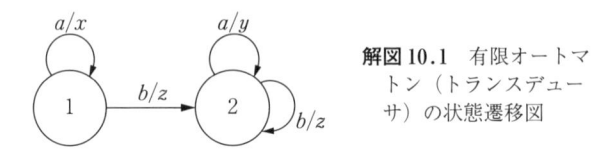

解図 10.1 有限オートマトン（トランスデューサ）の状態遷移図

【10.2】 解図 10.2 に状態遷移出力表と状態遷移図を示す。

f	0	1
q_0	q_0	q_1
q_1	q_1	q_2
q_2	q_2	q_1

（a） 状態遷移出力表　　　　　　（b） 状態遷移図

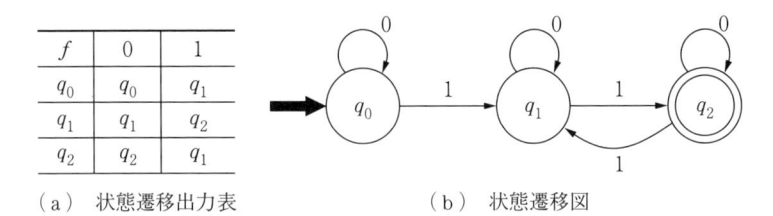

解図 10.2 有限オートマトン（アクセプタ）

【10.3】 解図 10.3 に状態遷移図を示す。

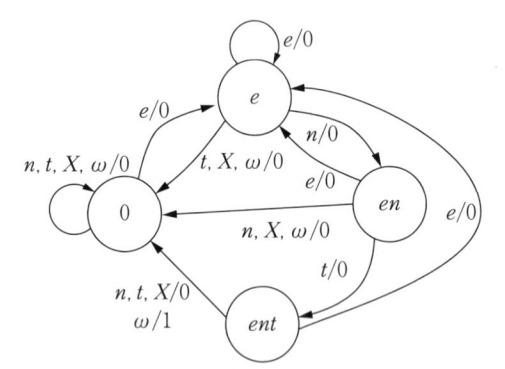

X：e, n, t, ω 以外のアルファベット
ω：スペース

解図 10.3 アルファベットに関する有限オートマトンの状態遷移図

【10.4】 状態遷移図に従って，受理されるか否かを確認する。ab は，$q_0 \to q_1 \to q_0$ となり q_0 が最終状態なので，受理されない（正規言語ではない）。$abbb$ は，$q_0 \to q_1 \to q_0 \to q_2$ となり，受理されない（正規言語ではない）。$abab$ は，$q_0 \to q_1 \to q_0 \to q_1$ となり，受理される（正規言語）。

【10.5】 解図 10.4 に状態遷移図を示す。

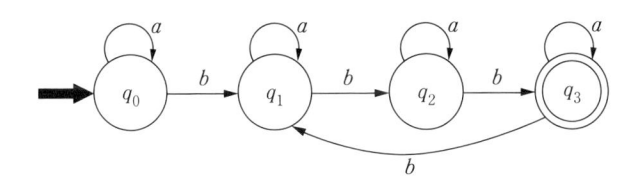

解図 10.4　アルファベットに関する有限オートマトンの状態遷移図

★ 11 章

【11.1】 式 (11.28) は，2 階 1 変数の常微分方程式であるので，1 階 2 変数常微分方程式に変形できるかを確かめる。そこで，角度 $\theta = x_1$，角速度 $d\theta/dt = x_2$ とおく。これらから，$dx_1/dt = x_2$ の関係を得る。さらに，$d^2\theta/dt^2 = dx_2/dt$ を利用すると，式 (11.28) は，以下の 1 階 2 変数常微分方程式に変形されることがわかる。

$$\frac{d}{dt}\begin{pmatrix} x_1 \\ x_2 \end{pmatrix} = \begin{pmatrix} 0 & 1 \\ -k & -c \end{pmatrix}\begin{pmatrix} x_1 \\ x_2 \end{pmatrix} \tag{解 11.1}$$

【11.2】 コンデンサの電圧 $v(t)$ とコイルの電流 $i(t)$ の関係は，$dv(t)/dt = i(t)$ となるので，式 (11.29) で与えられた微分方程式は，以下のように変形することができる。

$$\frac{d}{dt}\begin{pmatrix} v(t) \\ L \times i(t) \end{pmatrix} = \begin{pmatrix} 0 & 1 \\ -1 & -R \end{pmatrix}\begin{pmatrix} v(t) \\ i(t) \end{pmatrix} + \begin{pmatrix} 0 \\ u(t) \end{pmatrix} \tag{解 11.2}$$

【11.3】 式 (11.30) に示す線形微分方程式の解は，以下で与えられる。

$$x(t) = 1 + C \times \exp\frac{-t^2}{2} \tag{解 11.3}$$

式 (11.30) の右辺 =0 とする根は，$x=1$ である。平衡点 $x=1$ の近傍から出発する解はすべて時間とともに $x=1$ に収束するので，漸近安定であるといえる。

★ 12 章

【12.1】 一般道路

【12.2】 ラプラス基準においては，「渋滞なし」と「渋滞あり」の確率は等確率で

あると仮定する。したがって，【12.1】で得られた解答と同様の結果，すなわち一般道路を利用する意思決定となる。つぎに，ミニマックス基準においては，「渋滞あり」の場合が最悪の状況であり，一般道路利用では3時間，高速道路利用では5時間であることから，一般道路を利用する意思決定となる。一方，ミニミニ基準では，「渋滞なし」の場合における状況を考える。高速道路利用は1時間，一般道路利用は2時間なので，高速道路を利用する意思決定となる。

【12.3】 選択肢Aを選ぶ効用関数

$$u(x) = \begin{cases} 0, & \text{ただし}, \ 0 \leq x \leq 500 \\ x, & \text{ただし}, \ 500 < x \end{cases}$$

選択肢Bを選ぶ効用関数

$$u(x) = \begin{cases} 0, & \text{ただし}, \ 0 \leq x \leq 300 \\ x, & \text{ただし}, \ 300 < x \end{cases}$$

【12.4】 省略

★13章

【13.1】 以下に有効性をまとめる。

低コストによる評価が可能：規模の大きな施策になればなるほど，実際に評価しようとするとコストを要する。その際に，シミュレーションにより仮想的に施策のモデルを構築し，評価することができる。

予行演習が可能：さまざまな入力条件を変化させることにより，何が起こるかを推測することが可能となる。

【13.2】 一般に新技術商品のコスト低減化は，材料や生産工程の改良による要因と，需要量の増大という要因からなる。したがって，前者の観点からは，実用化段階ではなく研究段階にある技術的情報を得て，それが将来改良されたとして，価格低減にどの程度つながるかを検討する。ここでは，過去の別の事例をもとに価格低減の割合などを検討していく。後者の観点からは，過去の需要の伸びや外部要因の変化によりどの程度需要が増大するか予測して将来の需要量を決める。ここでは平均，悲観的，楽観的の少なくとも三つのパターンで需要量を算出し，将来価格を試算する。

索引

【あ】
アクセプタ　　125, 129
アトラクタ　　118

【い】
意思決定原則の基準　　153
意思決定システムモデル　　146
一対比較行列　　170
因果関係　　84

【え】
演繹法　　53

【か】
階層化意思決定法　　169
階層性　　23
概念モデル　　39
カオス　　118
拡大振動　　118
重ね合わせの原理　　140
過剰フィードバック　　113
可働性　　32
感度分析　　54

【き】
帰納法　　53
基本定義　　34
均衡状態　　101
クラウドコンピューティング　　25

【け】
決定論的システム　　68

【こ】
効用関数　　150
効率性　　32
互換性理論　　7
国富論　　7
コスト分析　　51
コミュニケーション　　23

【さ】
再現可能性　　12
サブシステム　　77
サプライチェーンマネジメント　　105

【し】
自己強化型ループ　　85
システマティック　　9
システミック　　9
システム　　4
　　──の同型性　　78
システムアプローチ　　12
システム原型　　91
システム工学　　9
システム思考　　5
システムダイナミクス　　95
システム分析　　160
自然科学的アプローチ　　12
シミュレーション　　160
状態遷移システムモデル　　120
状態遷移図　　122
状態遷移表　　122
自律分散　　23, 24
信頼区間　　167

【す】
ステークホルダー要求　　57
ストック　　95
ストレンジアトラクタ　　118

【せ】
正規言語　　130
正のフィードバック　　111
世界観　　34
漸近安定　　142
線形化手法　　145
線形システムモデル　　133
全体性　　22

【そ】
創発性　　22
ソフトシステムアプローチ　　14, 18
ソフトシステム方法論　　28
ソリューション要求　　57

【た】
ダイナミカルシステム　　115

【て】
定常性　　141
デカルト還元主義　　6

【と】
トランスデューサ　　125, 126
トレンド分析　　49

【に】

入出力システム	107

【は】

ハーヴィッツ基準	156
ハードシステムアプローチ	14, 16
バランス型ループ	85, 86
バリュー分析	51
反証可能性	12

【ひ】

非決定論的システム	68

【ふ】

フィードバックループ	84
不確実性	149
不確実性回避	158
負のフィードバック	112
ブルウィップ効果	106
フロー	95, 97
プロセスモデル	30
文化的探索の流れ	30, 31

【へ】

平衡点	141, 142
変換プロセス	34

【ほ】

ホーソン実験	8
ボトルネック	74

【み】

ミニマックス基準	155
ミニマックス後悔基準	156
ミニミニ基準	155

【む】

鞭効果	106

【も】

問題状況	12, 19
問題発見の4P	44

【ゆ】

有限オートマトン	124, 126, 129

【よ】

有効性	32
ユースケース	60, 61
要求	55
要素還元主義	12

【ら】

ラプラス基準	155
ランダム	117

【り】

リスク回避	158
リスク分析	54
リッチピクチャ	32
リミットサイクル	118

【れ】

レバレッジポイント	90

【ろ】

ロジスティック曲線	103
ローマクラブ	21
論理的探索の流れ	30

【A】

ABC分析	54
AHP	169

【C】

CATWOE分析	36
CE	51
CS	51

【I】

ITIL	55

【M】

MECE	48

【P】

period	44
perspective	44
position	44
purpose	44

【U】

UML	62

【X】

XYZ公式	38

【数字】

3E	32

―― 著者略歴 ――

- 1983年　早稲田大学理工学部数学科卒業
- 1985年　早稲田大学大学院理工学研究科博士前期課程修了（数学専攻）
- 1985年　日本電信電話株式会社勤務
- 1999年　博士（工学）（早稲田大学）
- 2010年　千葉工業大学准教授
- 2013年　千葉工業大学教授
　　　　　現在に至る

システム方法論
― システム的なものの見方・考え方 ―
Fundamentals of Systems Methodology
― Systemic Way of Seeing and Thinking ―

Ⓒ Motoi Iwashita 2014

2014年7月28日　初版第1刷発行　　　　　　　　　　　　　　★
2024年7月10日　初版第2刷発行

検印省略	著　者	岩　下　　　基
	発行者	株式会社　コロナ社
	代表者	牛来真也
	印刷所	萩原印刷株式会社
	製本所	有限会社　愛千製本所

112-0011　東京都文京区千石 4-46-10
発行所　株式会社　コロナ社
CORONA PUBLISHING CO., LTD.
Tokyo Japan
振替 00140-8-14844・電話 (03)3941-3131(代)
ホームページ　https://www.coronasha.co.jp

ISBN 978-4-339-02481-4　C3055　Printed in Japan　　　　　（松岡）

<JCOPY> ＜出版者著作権管理機構 委託出版物＞
本書の無断複製は著作権法上での例外を除き禁じられています。複製される場合は，そのつど事前に，出版者著作権管理機構（電話 03-5244-5088，FAX 03-5244-5089，e-mail: info@jcopy.or.jp）の許諾を得てください。

本書のコピー，スキャン，デジタル化等の無断複製・転載は著作権法上での例外を除き禁じられています。購入者以外の第三者による本書の電子データ化及び電子書籍化は，いかなる場合も認めていません。
落丁・乱丁はお取替えいたします。

情報・技術経営シリーズ

(各巻A5判)

■企画世話人　薦田憲久・菅澤喜男

No.	書名	著者	頁	本体
1.	企業情報システム入門	薦田憲久・矢島敬士 共著	230	2800円
2.	製品・技術開発概論	菅澤喜男・国広誠 共著	168	2000円
3.	経営情報処理のための 知識情報処理技術	辻川洋・大川剛直 共著	176	2000円
4.	経営情報処理のための オペレーションズリサーチ	栗原謙三・明石吉三 共著	200	2500円
5.	情報システム計画論	西村一則・坪根直毅・栗田学 共著	202	2500円
6.	コンピュータ科学入門	布広永示・菅澤喜男 共著	184	2000円
7.	高度知識化社会における 情報管理	村山博・大貝晴俊 共著	198	2400円
8.	コンペティティブ テクニカル インテリジェンス	M.Coburn 著／菅澤喜男 訳	166	2000円
9.	ビジネスプロセスの モデリングと設計	小林隆 著	200	2500円
10.	ビジネス情報システム	薦田憲久・水野浩孝・赤津雅晴 共著	200	2500円
11.	経営視点で学ぶ グローバルSCM時代の在庫理論 ―カップリングポイント在庫計画理論―	光國光七郎 著	200	2500円
12.	メディア・コミュニケーション論	矢島敬士 著	180	2100円
13.	ビジネスシステムの シミュレーション	薦田憲久・大川剛直・秋吉政徳・大場みち子 共著	188	2400円
14.	技術マーケティングと インテリジェンス	菅澤喜男・岡村亮 共著	240	3000円

定価は本体価格+税です。
定価は変更されることがありますのでご了承下さい。

◆図書目録進呈◆